Benjamin Perrier

Chroniques DE LA FAMILLE SUPER POSITIVE (...OU PRESQUE)

Illustrations
Lavipo

MANGO
éditions

SOMMAIRE

✖ Défis en mode novice

✖ Défis en mode normal

✖ Défis en mode expert

✖ Défis en mode Hard-core

Bienvenue, ami lecteur !

Bienvenue à toi qui feuillettes tout ce qui te passe entre les mains à la recherche de solutions magiques pour améliorer et transformer ton quotidien... Tu es bien tombé, ne lâche plus ce livre écrit avec le sang : il est fait pour toi !

Bienvenue dans ce monde merveilleux des rapports positifs, des parents investis qui ont une solution pour CHAQUE problème quotidien, où chaque enfant est un ange de perfection et où TOUS ses comportements vont dans le bon sens, celui de faire de lui la « meilleure de version de lui-même ».
Ça fait envie, hein ?

Non je déconne ! Stop à l'enfumage marketing !

Ici tu trouveras surtout la vraie vie de parents, celle de ceux qui galèrent, qui fatiguent, qui parfois n'en peuvent tout simplement plus d'avoir « encore à ranger les chaussures dans l'entrée m... à la fin ! ».

→ **En résumé :** un livre sur les parents normaux avec des enfants normaux.

Oui mais...
Ça n'est pas parce que c'est compliqué et fatiguant d'élever des enfants qu'on ne peut pas essayer de faire mieux, non ? De se poser des questions, de tenter de faire différemment, de moins crier, de moins se tuer à la tâche, de moins punir, de moins critiquer, de moins...

→ **Bref :** de plus communiquer !

Alors **rebienvenue,** cher parent-qui-galère !

Bienvenue dans un livre qui, modestement, va essayer de te donner des clés pour teinter tes journées de bienveillance et d'éducation positive.
Bienvenue dans le quotidien d'une tribu imparfaite-mais-sympa-quand-même.

La famille dont tu vas suivre les aventures n'est pas LA famille modèle. Tout simplement parce que ça n'existe pas (ou alors elle est super bien cachée).
Ce livre s'adresse à tout le monde, à toutes les différentes sortes de famille : les petites, les grandes, les moyennes, celles chez qui on voit les problèmes, celles qui font tout pour les cacher...

Celles avec un papa et une maman, celles avec un ou deux papas, celles avec une ou deux mamans, celles avec une tripotée d'animaux, ou celles avec « juste » un poisson rouge « parce que le reste ça pue et c'est sale... » (et celles avec un furet ou un python royal ? Oui ! Toutes les familles on a dit...).

Quant à celle de ce livre,
on va te la présenter.

LA FAMILLE

La maman

Moderne et bien dans ses baskets, elle vit à cent à l'heure et profite à fond ! Tellement qu'elle court après le temps, et ses enfants…

Le papa

Cool et détendu, il travaille de la maison et oublie ~~parfois~~ ~~souvent~~ tout le temps de mettre un pantalon pour les visios avec son patron.
Il aime tellement ses enfants qu'il voudrait parfois être leur copain.
Son frère est un super-papa* (enfin c'est surtout lui qui le dit…).

* Retrouve les aventures de ce frère incroyable dans les *Chroniques d'un Super papa* !

La grande

Elle est au collège et à l'aube de l'adolescence (en gros ça veut dire qu'elle est en plein dedans mais qu'à la maison personne n'a encore compris...). Elle vit avec eux une semaine sur deux, le reste avec sa maman (deux chambres, deux décos, le rêve). C'est la fifille à son papa 😊.

Le moyen

Le collège c'est pour bientôt, mais les jeux vidéo avec les copains c'est pour maintenant ! Un peu casse-cou, il est à fond sur tout ce qui l'intéresse, pour le reste...

La petite

Petite dernière et « chouchoute » de sa maman, elle est en primaire et a peur de presque tout (sauf de son doudou). C'est la mascotte de la famille (même si parfois elle est un peu ch...).

Attention : l'utilisation de ces appellations et autres surnoms dans le livre a été validée par chaque membre de cette famille. Ils vous assurent qu'ils n'y voient rien de dégradant ni d'avilissant...

DÉFIS EN MODE NOVICE

Et si on essayait ?

ÉDUCATION
POSITIVE

Éducation
Positive
Au
quotidien

Ça suffit !
ÉDUCATION
POSITIVE

Ça va pas ?
Si, si...
Ça te dit pas qu'on essaie l'éducation positive ?
Euh... ouais si tu veux...
Mais pourquoi maintenant ?
Je sais pas... C'est venu comme ça...

Chronique 1

LES REPAS

Éducation
Éducation
+
Éducation Positive
Éducation
OK ! On commence par quoi ?
J'ai bien une idée...

Allez hop ! On attaque : comment faire du repas en famille un moment de calme, d'échange et de réjouissance absolue ? Souvent, les repas sont générateurs de stress et d'incompréhension. Entre celui qui « n'a pas faim » après avoir goûté jusqu'à 18 h 30 et celle qui « n'aime pas, c'est dégueu ton truc ! » alors qu'elle demande du rab à la cantine tous les jours, il y a de quoi s'arracher les cheveux.
On va poser quelques principes simples.

✖ Les repas en famille : bonne ou mauvaise idée ?

Ça dépend ! (C'est bon comme argument, non ? On s'arrête là ?) De manière assez générale, les repas en semaine sont moins faciles que ceux du week-end. Entre la fin de journée de boulot, les devoirs et la fatigue accumulée, partager une purée-saucisse peut facilement devenir un vrai champ de mine (pas dans les cheveux la purée ! Pas dans les cheveux !).
En revanche, on s'efforce de conserver ce moment de partage le week-end. Tout le monde sera plus disposé à échanger dans la joie et la bonne humeur (même si on ne balance toujours pas de purée dans les cheveux, non mais oh !).

✖ Oui, mais mes enfants ne sont pas simples avec la nourriture...

J'ai un scoop : aucun ne l'est vraiment.
Pour nos crevettes, les différents repas de la journée sont des apprentissages sociaux et gustatifs. En gros : elles apprennent à manger et à vivre ensemble. Forcément, parfois, ça coince, ça bloque ou ça crise (les trois en même temps ? #courageàtoi). Mais rien n'est irréversible et comme disait ma grand-mère : « Quand j'étais petite je n'aimais pas les betteraves ! J'aime toujours pas, mais c'est moi qui fais les menus ! »

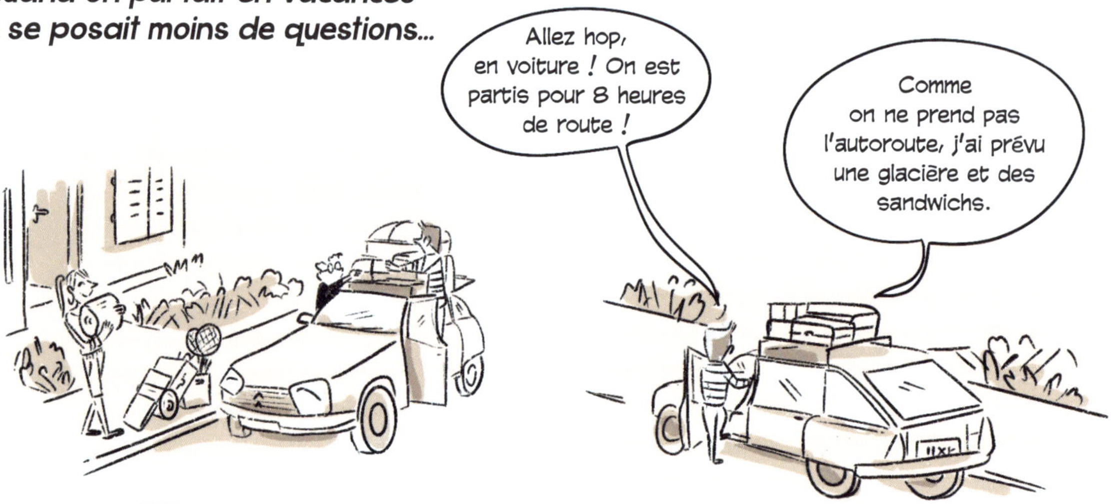

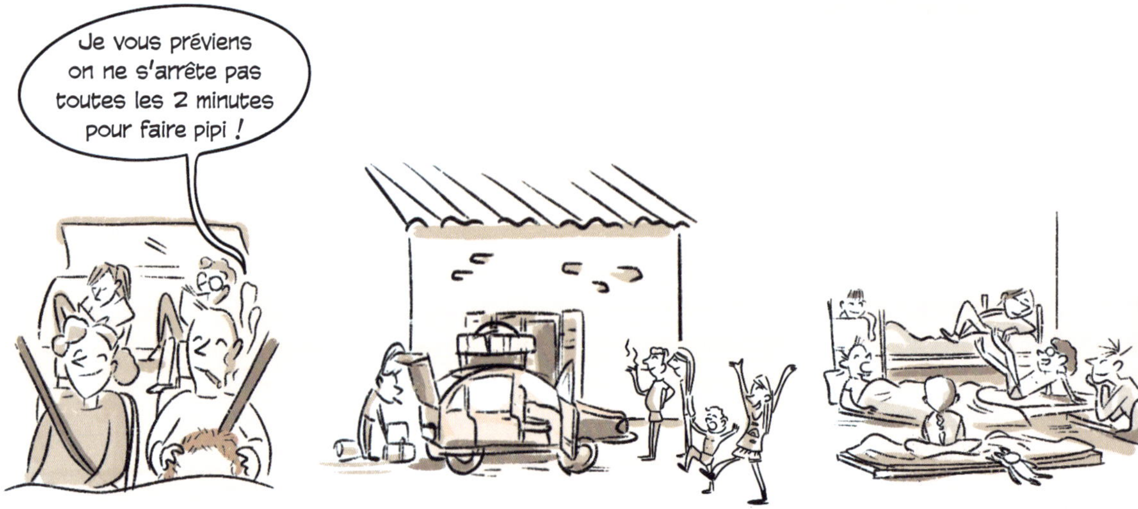

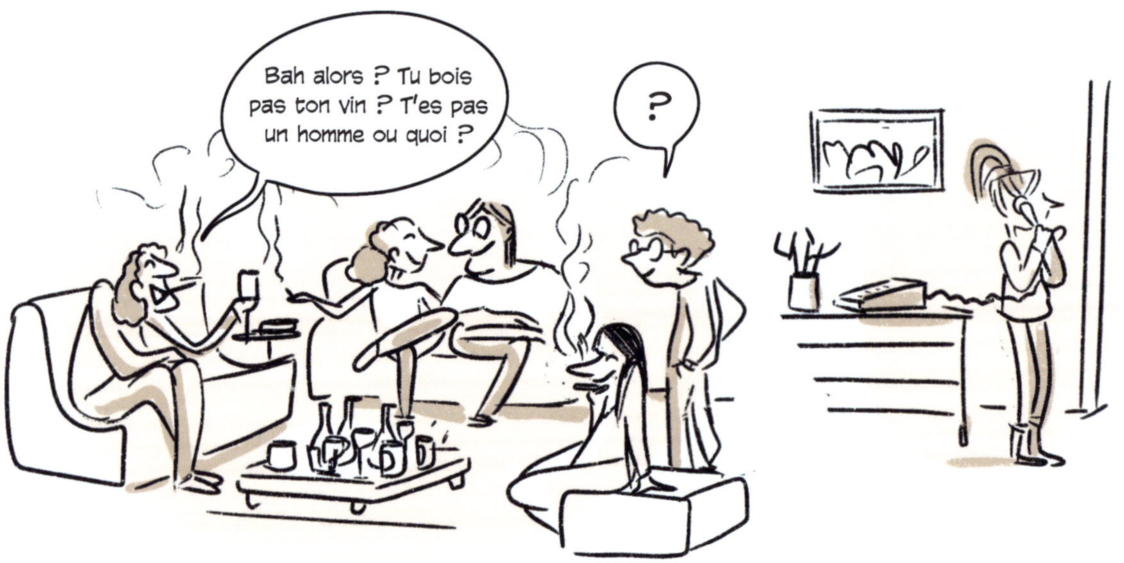

Chronique 6

LES SIGNES D'AFFEC-TION

Chronique 7

LA VIE DANS LA MAISON

Alors ? C'en est où votre délire d'éducation positive ?
On n'a pas eu trop le temps de se plonger dedans en fait...
Bah va falloir vous y mettre, les copains !
Ça va pas se faire tout seul !

Voilà ! Exactement ! C'est pas comme si on avait la place de penser à tout ça !

Je ne vais pas vous contredire, à moins de vivre dans un manoir façon *Downton Abbey* et d'avoir des domestiques derrière nous en permanence (même quand on va aux... oui même *là*), la vie de parents est très remplie et on peut avoir l'impression de manquer de temps et d'énergie pour se rajouter une couche de bienveillance...
Et si on prenait le problème autrement ? Et si on organisait mieux le quotidien pour se soulager, se libérer un peu de cette p... de charge mentale domestique ?
Être bienveillant envers soi pour avoir le temps d'être bienveillant envers les autres.

✖ OK, mais on commence par quoi ?

Par faire bosser les gosses ! Souvent par habitude, pour aller vite et aussi « parce que j'ai peur que tu fasses n'importe quoi », on peut avoir tendance, nous adultes, à laisser nos enfants de côté quand il s'agit des corvées. Pourtant, les inclure leur permet d'aider, d'apprendre à grandir et à se responsabiliser !

✖ Le ménage : en famille !

Tandis que l'un range sa chambre, ramasse les affaires sales et trie les chaussures, l'autre met dans la machine, secoue les tapis et change l'eau de la gamelle du chien, et tandis qu'un troisième passe l'aspirateur dans le salon, le dernier attaque les vitres...

Bref, plus on est nombreux, plus ça va vite,
et plus on est de fous...

✖ Le matin : fais-le toi-même !

Qui ne s'est jamais vu galoper le matin, en retard à un rendez-vous, le café à la main en train de faire les lacets du petit et de rappeler au grand de prendre son bonnet-parce-que-oui-dehors-ça-caille ?
On veut pouvoir petit-déjeuner tranquille et assis ? On responsabilise ! Chacun des enfants s'habille et se prépare seul (vêtements, chaussures, brossage de dents...). La machine peut mettre un peu de temps à démarrer au début, mais une fois l'autonomie acquise... ça soulage !

✖ Les tâches quotidiennes : on fait tourner !

Sur un tableau, noter les tours de chacun pour mettre le couvert, débarrasser, sortir la poubelle, donner à manger au chat, au poisson, au castor qui dort dans le jardin (pas de jugement). On peut même pousser la démarche et mettre TOUT LE MONDE sur le tableau (oui, les parents aussi). Déjà, parce que vous êtes une équipe et ensuite ça permettra à vos crevettes de voir et comprendre tout ce que vous faites déjà (et ça... ça impose le respect, non ?).

✖ Et après ?

L'équipe est au top et en redemande ? (Vraiment ?!?) Quelques points d'amélioration.

- **Poser des règles simples** et faciles à suivre : plus l'organisation et la vie de la maison seront compliquées et confuses, plus ça sera le b...el ! (Oui c'est pas joli « bordel » comme mot... Oups *again* !)

- **Rendre accessible** pour plus d'autonomie : selon l'âge des enfants, le frein à l'autonomie n'est pas forcément leur volonté mais leur taille ! Vêtements rangés trop haut, portemanteau inaccessible, évier qui arrive au front. Bref : ça coince (et on ne va pas attendre qu'ils aient 14 ans et une poussée de croissance, nom de nom !). Pourquoi ne pas installer certaines choses à leur hauteur pour simplifier leur vie (et la vôtre par la même occasion...) ?

✖ Et c'est tout ?

Oui et non ! Chaque famille est différente et peut inventer ses propres règles et fonctionner avec. On organise une équipe selon ses membres et leurs capacités (donc, non, on ne demande pas au petit dernier de 5 ans d'aller couper du bois). Le mieux est quand même d'amener les choses en douceur et progressivement. Il ne faudrait pas les brusquer quand même... Si ? Non...

Chronique 8

NE JAMAIS DIRE NON

Chronique 9

DIALOGUER EN MODE POSITIF

Ah non !
Je n'ai pas dit que tu étais vulgaire habillée comme ça...
C'est juste que je n'aurais JAMAIS porté ça à ton âge !
C'est mauvais ton film, ha ha ha !
T'as vraiment des goûts pourris, Loulou... T'es mignon !
TAP
TAP
TAP
?
COMMENT BIEN COMMUNIQUER
Dialogue pour les NAZES
Pourquoi tu me donnes ça ?
Pour rien...
COMMENT BIEN COMMUNIQUER
Dialogue pour les NAZES

Le langage est le moyen que l'on utilise le plus pour communiquer. Ça n'est bien sûr pas le seul (c'est parce que je vous vois déjà débarquer avec vos contradictions, canaillous que vous êtes !), mais il est malgré tout la pierre angulaire de nos bons ou mauvais rapports avec les autres, et tout particulièrement au sein de notre petite-famille-super-sympa !
À cause de notre éducation, de nos peurs ou de nos habitudes, on a parfois des automatismes dans notre manière de dire les choses qui nous éloignent des autres plus qu'ils nous en rapprochent (et je ne parle pas des relations avec Patrick, ton boucher ! Quoique...).
Bref, il y a des astuces simples à prendre en compte pour se faire comprendre sans tension, sans stress et sans générer de conflit (c'est mieux, non ? non ?? NON !!??).

✖ Passer du « tu » au « je »

Quand un comportement est désagréable, pénible, fâcheux (emmerdant quoi !), il vous gêne VOUS, alors parlez de VOUS !
« Tu me fatigues » devient « Je suis fatigué ».
« Tu parles tout le temps » devient « Je voudrais parler à ta sœur ».
« Tu fais n'importe quoi sur ton vélo » devient « J'ai eu très peur que tu te fasses mal ».
Etc. Etc. Etc.

✖ Tourner ses phrases en mode « positif »

Non pas que tout soit merveilleux dans un monde de Bisounours (#réfdevieux), mais dans la phrase « Ça n'est pas grave », l'enfant entend d'abord et surtout le mot « grave », ce qui est contre-productif, non ?

« Ne crie pas » devient « Parle moins fort ».
« Ne cours pas » devient « Je préfère que tu marches ».
« Ne mange pas trop vite » devient « Profite de ton hamburger ».
« C'est pas grave » devient « Ça va aller ».
Etc. Etc. Etc.

✖ Attention au cynisme et au second degré

C'est tentant parfois de pratiquer la dérision avec ses enfants, certaines études tendent même à montrer que ça a des effets positifs, MAIS…
Les enfants de moins de 5 ans ne sont pas capables de comprendre le sarcasme.
De manière générale, la compréhension et l'apprentissage du second degré dépendent vraiment de chacun et personne n'est à l'abri d'avoir une crevette qui sera pour toujours « premier degré » (désolé…).

✖ Entendre *vs* écouter

Un enfant qui n'écoute pas une conversation (absorbé par la télé, par exemple) entend malgré tout ce que vous dites (essayez de chuchoter « jeux vidéo », « Lego » ou la « dernière-marque-de-fringues-tendance »…).

✖ Les mots ont du sens, mais aussi du poids

Certains mots que l'on utilise régulièrement sont durs, parfois violents et peuvent provoquer, avec la répétition, un profond mal-être ou une perte d'estime de soi.
Des phrases comme « Ton devoir est nul », « Tu es maladroit », « Tu n'y arriveras jamais » ne sont pas juste des informations mais des jugements (et les jugements, ça fait mal… J'aime pas le jugement).

Astuce :
préférez « C'est compris ? » à « C'est d'accord ? »

Le « d'accord » laisse le choix, alors qu'en fait on ne lui laisse pas le choix de se laver les dents. Si ?

✖ Et la vulgarité ?

Vaste sujet, bordel ! En tant qu'adultes, on se permet souvent de « dépasser les lignes » de la bienséance (ouaiiiiis, parfois ça fait du bien !), mais en tant qu'adultes nous savons aussi discerner les « bons » et les « mauvais » moments pour parler comme des charretiers ! Nos gnomes ? Ils ont plus de mal... Et si vous êtes vulgaires devant eux, ces putains de neurones miroirs vont s'enclencher et la prochaine visite de mamie va être rigolote ! Ou pas...

✖ Dernière chose

Communiquer avec les autres, c'est précieux, alors on ne juge pas. *Never*. Jamais.
Ça ne sert à rien et ça fait du mal.
Et puis qui tu es toi pour juger, hein !? (Phrase à prendre au 3e degré.)
Allez... viens avec nous, rejoins la team #pasdejugement.

Chronique 10

LES PETITS BOBOS...

Chronique 11

FLASH-BACK

Tu pourras me rassembler ce qu'il y a sur la table ?
Merci !
Moi quand j'étais jeune, j'aidais...
C'est pas vrai...
C'est pas vrai quoi ?
Quand elle était ado...
Ta belle-mère n'aidait pas beaucoup !

C'était pas la même époque... Tout n'était pas parfait mais c'était plus... cool, on n'avait moins peur...

Coucou tout le monde ! Désolé, j'avais une réunion.
Qu'est-ce qu'on mange ?
Un gratin d'endives au jambon !
C'est comme ça et puis c'est tout ! Et vous terminez vos assiettes !
Je vais pas vous donner la fessée quand même ! Vous êtes trop vieux...

Quand on partait en vacances on se posait moins de questions...
Allez hop, en voiture ! On est partis pour 8 heures de route !
Comme on ne prend pas l'autoroute, j'ai prévu une glacière et des sandwichs.
Je vous préviens on ne s'arrête pas toutes les 2 minutes pour faire pipi !
Bah alors ? Tu bois pas ton vin ? T'es pas un homme ou quoi ?
?

Bonjour madame, excusez-moi de vous déranger, est-ce que je pourrais parler à Jérémie s'il vous plaît... ?
Qui a pris les Chamallows pour les brochettes ?
On fait un Kem's ?
Bonne soirée chez ta copine, hein ! À demain...
OK Maman, à demain ! M'attends pas pour le déjeuner.

Joyeux Anniver
Mouais... je suis sûre qu'elle allait pas chez une copine...
Oh je savais bien !!
Bah elle allait chez qui alors ?

DÉFIS EN MODE NORMAL

Chronique 12

FRÈRES ET SŒURS, L'AMOUR VACHE...

J'y vais.
Oui, ils ne se supportent plus...
La dernière fois, le grand a fait des moustaches à la petite pendant la sieste avec un marqueur...
... et ce matin...
?
Lâche tout de suite ces ciseaux et les cheveux de ta sœur !!!
Je veux divorcer de mon frère !!!

Sur le papier, deux enfants c'est toujours mieux. « Un enfant unique ? Vous allez le pourrir ! » « Ça apprend le partage, la vie à plusieurs... ».

À croire les futurs grands-parents, avoir un deuxième enfant, ça se fait tout seul, non ? Tu parles... Qui n'a jamais fait tomber son frère parce qu'il avait « triché » au Monopoly, attrapé la dernière frite dans l'assiette de sa sœur pour la manger en regardant droit dans les yeux ou alors échangé des cartes Pokémon collectors contre des crottes de nez (oui bah, j'étais naïf...) ? Notre rôle dans tout ça ? Transformer des gladiateurs en puissance en vrais compagnons pour les coups durs...

✖ Un conflit dans la fratrie ? Ce n'est pas grave !

Enfin pas forcément. Deux enfants qui se disputent, et se détestent pour la demi-journée, ça n'a rien d'inquiétant. Ce sont deux individus, avec des sensibilités et des caractères différents, c'est normal que ça clashe ! C'est aussi dans ce genre d'adversité que l'on se construit et que l'on apprend à se positionner par rapport aux autres. Et, en tant qu'adulte, c'est essentiel.

✖ OK ! Mais...

Entre un « désaccord » et un combat de catch (avec slips brillants, chaises et corde à linge), il y a quand même un monde ! Si laisser des enfants gérer leurs conflits peut sembler à peu près logique, il reste des situations où il faut intervenir. Tout simplement en cas de violence verbale ou physique. Parce qu'on n'apprend rien en blessant ou en étant blessé.

✖ Trouver la limite

À voir en fonction de vous et des règles de votre maison pour savoir quand intervenir, pour trouver la frontière entre le « bon » et le « mauvais » conflit.

✖ Ni juge ni arbitre

Pour se bagarrer, il faut être deux et vous n'êtes jamais là pour décider du gagnant mais pour éviter que ça aille trop loin. On ne prend pas parti, JAMAIS (oui je sais ça fait un peu autoritaire. Pardon, je referai plus...).

✖ Qu'est-ce qui est mieux alors ?

- Les séparer.
- Les laisser se calmer.
- Ouvrir le dialogue (« Pourquoi est-ce que tu penses que ta sœur a réagi comme ça ? » « Tu aurais fait quoi à sa place ? »).
- Trouver des compromis.
- Réparer ensemble les dégâts (matériel ou psychologique).

✖ Poser des règles

- On ne tape pas.
- On ne crie pas.
- On ne rentre pas dans la chambre de l'autre sans permission.
- On ne mange pas le chocolat des parents (le bon, celui qui est caché...).

✖ Prendre du temps pour chacun

La jalousie et l'envie sont parfois des sentiments envahissants. Prenez un moment seul avec chacun (sport, musée, ciné...), il pourra vous parler, se confier et se sentira important à vos yeux (et c'est tout ce qui compte, non ?).

✖ Montrer l'exemple

Ne vous étonnez pas qu'ils en viennent aux mains si en tant qu'adultes vous réglez vos problèmes en vous balançant des bouquins...

Pour finir, même si on ne peut pas forcer l'attachement dans une fratrie, pour construire leur rapport, rien ne vaut un projet commun ! Demandez-leur d'organiser leur après-midi préféré, le brunch du dimanche matin ou le championnat de foot du quartier (ou de la ville, de la région, du monde ! Non ?).

C'est quoi…
…ce calme ?
Coucou ! On a déjà dîné, là on invente un jeu pour la journée de demain…
C'était bien votre apéro ?
C'est gentil, mais c'est lourd là…

Chronique 13

DROIT À L'ERREUR

Chronique 14

LA COMMUNICATION NON VERBALE

Toi, t'as passé une bonne journée...
Comment tu sais ?

Enfonçons une belle porte ouverte : même si on parle beaucoup, on communique AUSSI sans dire un mot, par nos gestes, nos attitudes... Le dialogue au sein d'une famille fonctionne aussi sans le langage et peut être utile lors d'une crise ! À nous d'utiliser ces moyens et de les mettre à profit pour vivre mieux ensemble. On s'y met ? (Je vous avais dit que c'était une belle porte, non ?)

✖ Apprendre à se taire

Lors d'une crise, nous, parents, avons souvent tendance très vite à verbaliser (« Qu'est-ce qu'il se passe ? » « C'est quoi ton problème ? » « NON MAIS OH TU TE CALMES !!! » Oui, j'avoue, ça m'arrive...).
Pourquoi ne pas prendre le temps d'observer, d'écouter ?
Grâce à ce petit temps en retrait, on pourra prendre en compte les attitudes (agressives, défensives...) et les micro-expressions (la peur, la tristesse, la colère...) et donc adopter la meilleure des conduites.

✖ Essayer d'entrer en connexion

Avant de tenter de dialoguer pour comprendre un problème ou débloquer une situation, il ne faut pas hésiter à créer une connexion. Se regarder dans les yeux, s'asseoir ensemble, s'isoler du reste du groupe... Bref, créer le moment propice pour échanger.

✖ L'importance du toucher

Toucher quelqu'un lorsqu'on lui parle permet de créer une connexion supplémentaire. Consoler ou calmer son enfant en lui touchant l'épaule ou lui caressant les cheveux fonctionne mieux qu'à un mètre de distance...

Tout ça bien évidemment dans le respect de l'intégrité de chacun, pas question de forcer le contact non plus (sinon c'est un peu contre-productif, non ?).

✖ Dissocier les informations

Il y a plusieurs manières de dire « Je vais bien ».
On peut le dire en sautant sur un trampoline, en mangeant une tartine blindée de confiture-de-mamie-celle-qu'est-vraiment-trop-bonne ou le visage fermé avant d'aller s'enfermer dans sa chambre pour pleurer.
Écouter, c'est bien ; aller au-delà des mots pour interpréter leur sens... bah c'est encore mieux !

✖ L'importance du regard

Et surtout de sa hauteur ! Lorsqu'on souhaite parler à quelqu'un d'égal à égal, on se met à son niveau ! Si c'est un enfant de 4 ans, on se met accroupi face à lui ; si c'est un ado, on trouve un terrain neutre et on s'assoit (et si c'est Hulk, bah on monte sur un escabeau... Elle est pas terrible cette blague, si ?).

→ « C'est pas ce que tu as dit, c'est COMMENT tu l'as dit. »

On ne peut pas faire ce chapitre sans parler de l'importance de la voix et ce qu'elle projette. Le ton, le niveau sonore, la rapidité du discours : TOUT a de l'importance. L'envie, l'enthousiasme, la bienveillance sont des aspirations qui se transmettent AUSSI dans la manière de parler.
C'est compris ? (Là, par exemple, je l'ai écrit de manière gentille et pas du tout autoritaire...)

→ « Et si mon enfant ne veut pas parler ?
(Et que j'ai fait tous tes trucs, là...) »

Il y a d'autres moyens que le langage pour aider à « sortir » ce qui nous pose problème et à libérer nos émotions :

- Le dessin (« Dessine-toi quand tu es jaloux »).
- Le jeu (« On va construire une boîte pour mettre toutes tes angoisses dedans »).
- Le théâtre, le mime (« Montre-moi comment tu te serais défendu... »).

« Et sinon monsieur Je-sais-tout ? C'est quoi les meilleures attitudes ? »

Plein de gestes, de positions du corps ou de types de regard expliquent ou trahissent nos émotions.
À l'inverse, aucun intérêt d'essayer de copier les « bonnes attitudes » au quotidien et avec sa famille (la vie, c'est pas un entretien d'embauche quand même...).
En revanche, en avoir conscience permet de s'efforcer d'avoir le meilleur des états d'esprit pour affronter une situation et donc... d'avoir la bonne attitude (bam ! *Mic drop*...).

Chronique 15

BON JOUEUR

Chronique 16

LIMITES ET RÈGLES

Alors ? Pourquoi tu dis pas bonjour à la dame ?!
On ne part pas tant que tu l'as pas dit !
Combien de fois je dois te dire...
NAANN!!!
D'ARRÊTER DE CRIER !!!
FNACH
Aimer lire

Et si on cassait une petite idée reçue ?
OK ? OK...
Non, ça n'est pas parce qu'on cherche à être bienveillant qu'on devient laxiste avec ses enfants. On n'est pas, non plus, obligé d'élever ses crevettes « à la baguette » pour en « faire quelque chose » ! Alors, oui, certains diront que l'obéissance aveugle et le management par la crainte ont fait leurs preuves... Pas faux, du moins en surface ! Qu'est-ce qu'un enfant qui obéit mais sans jamais comprendre pourquoi et sans rien apprendre ? Un robot (je sais pas en fait, mais je pose la question, na !) ?
Et si on cherchait en eux un peu plus de compréhension ?

✖ Les limites permettent à un enfant de comprendre le cadre !

C'est pas si simple. Une limite signifie un interdit, et qui n'a jamais eu envie de dépasser une limite, de transgresser un interdit « juste pour voir » ?
En tant qu'adultes, on n'entend pas souvent l'expression « dépasser ses limites » ?

✖ Oui, mais je ne peux pas les laisser faire n'importe quoi !

Bien sûr que non, mais il est sans doute préférable de poser des règles plutôt que d'imposer des limites.
Une règle n'est pas un interdit. Une règle permet de structurer un comportement.
Le tout est de prendre le temps de les installer.

La règle avec les règles :

→ **Annoncer les règles à l'avance :** si votre enfant est trop petit pour monter en haut du toboggan, dites-le-lui tant qu'il est en bas (une fois en haut, c'est légèrement trop tard...).

→ **Mettre en place des règles positives :** parler de ce que l'on a le droit de faire plutôt que de ce qui est interdit. « Ne cours pas n'importe où » devient par exemple « Tu peux courir mais uniquement sur le trottoir ».

→ **Expliquer :** un enfant est doué de compréhension (enfin ~~souvent~~, ~~normalement~~, ~~la plupart du temps~~, régulièrement !). Si vous posez une règle, c'est pour une bonne raison, alors expliquez-la-lui.

→ **Les règles doivent être simples :** « Écoute mon chéri, le lundi c'est 14 minutes de télé et 16 de console, le mardi c'est 12 minutes de... », ça attaque le cerveau, non ? Pour lui aussi ! Concernant les écrans, il peut y avoir une règle facile à comprendre : les « jours écrans » sont les jours où il n'y a pas école (facile, non ? Et comme ça, pendant la journée pédagogique, c'est gavage !).

→ **Et puis les répéter :** encore et encore, devenir le roi des « répéteurs » (et non, ça n'est pas une contrepèterie).

✖ L'idée en plus pour les écrans

C'est un peu LE sujet quand il s'agit de règles et de limites.
Deux choses peuvent nous aider :

- Grâce au replay et aux plateformes de streaming, il n'y a plus la frustration de « louper » quelque chose (les plus vieux savent : « Non Maman, ne coupe pas ! Je verrai jamais la fin de l'épiso... Trop tard... »).
- Pour les jeux vidéo, préférez ceux où on sauvegarde facilement (plutôt que toutes les demi-heures... On la connaît l'arnaque à la sauvegarde ! Non ? Pas encore ? Ça va venir...).

✖ Et si les règles ne suffisent pas ?

Ça arrive, oui. On ne va pas se mentir, même avec la meilleure des volontés, de temps en temps, ça coince... Face à une crise ou à un non-respect des règles, plutôt que de la jouer « frontal », pourquoi ne pas tenter la diversion ? Un enfant qui fait n'importe quoi dans la rue ou au supermarché par exemple est souvent un enfant qui s'ennuie. On peut essayer de l'occuper en lui donnant de l'attention, des miniresponsabilités (« Tu me dis quand on peut traverser ») ou des missions (« Est-ce que tu crois que tu peux me choisir les trois plus belles pommes ? »).

Ah, au fait !

Dernière chose. Poser des règles implique de les suivre soi-même : mettre sa ceinture, traverser quand le feu des voitures est rouge, mettre son masque (on doit encore le mettre ? On est en quelle année ?). Sinon, ça marche beaucoup moins bien...

Chronique 17

C'EST PAREIL, MAIS...

Chronique 18

LES SÉPARATIONS

J'espère que vous vous amusez bien ! Bonne soirée pop-corn ce soir !
Toi aussi, bisous.
VRRR
VRRR
9 appels en absence de Loulou

On a beau aimer nos enfants plus que tout, on ne peut pas rester avec eux 24 heures sur 24 (on ne peut pas ou on ne veut pas ? #pasdejugement). À moins que la maîtresse vous ait organisé un espace de télétravail au fond de la classe à côté du poisson rouge, il va bien falloir se faire à l'idée qu'ils feront un bout de leur vie sans leurs parents !
Et puis, notre boulot, ça serait pas de les préparer à voler de leurs propres ailes, non ? Qu'ils puissent avancer et grandir dans leur vie tels des aigles valeureux, de douces colombes ou... des canards.
On ne va pas se mentir, ces petites séparations quotidiennes (nounous, écoles, week-ends, vacances...) sont parfois aussi difficiles à vivre pour eux que pour nous !
Allez hop : au boulot ! Vole, petit papillon...

✖ On s'attache ! ~~Et on s'empoison~~... Et c'est bien !

Je ne vais pas, ici, revenir en détail sur ce qu'on appelle la « théorie de l'attachement » (on met un marque-page et on retourne page 23). CELA ÉTANT, ça peut paraître contre-instinctif, mais plus vous créez un lien fort avec votre crevette, plus elle deviendra autonome avec le temps et pourra parcourir le monde sans crainte (enfin jusqu'au bout de la rue parce que après c'est la voie rapide quand même...).
Avoir un lien fort émotionnellement permet de mieux gérer la séparation. Ce lien est comme un fil élastique invisible entre vous et votre enfant. Assez souple pour lui permettre d'explorer le monde, assez solide pour qu'il puisse revenir vers vous dès qu'il en ressent le besoin.
En gros, vous êtes en train de former un marin à partir en pleine mer et en solitaire (euh... oui, ça fait de vous le port d'attache... déso).

✖ Libérés... Délivrés !!!

S'arrêter là serait un chouïa trop simple (« Bah oui ! Il est marrant, l'auteur ! »). Quelques clés pour gérer au mieux les différentes séparations.

→ D'abord

Autant que possible **procédez par paliers**. Ça n'est pas pour rien que les crèches (et les assistantes maternelles) font une adaptation. Comme ça, votre enfant s'adapte, s'habitue à votre absence progressivement et ça, c'est bien (on n'est loin du sparadrap qu'on arrache d'un coup, non ? Aïe !) ! Donc, pour le premier moment en amoureux, on part le week-end et pas dix jours aux Seychelles (bande de veinards...).

→ Ensuite

Préparez le terrain : tenter la surprise et partir sans prévenir peut créer un fort sentiment d'abandon et d'insécurité. Vous risquez de le payer chaque fois que vous quitterez une pièce (« Et qu'est-ce qui me dit que tu vas vraiment rester dans le salon pendant que je dors ? »). Il vaut mieux annoncer le moment de la séparation en amont surtout s'il est exceptionnel et prendre le temps de rassurer encore et encore...
On ne ment pas : jamais. Dire que vous revenez « dans 5 minutes » alors que vous partez faire la bamboche jusqu'au matin marchera une fois. Après vous aurez perdu leur confiance...

→ Le moment clé

Vous vous souvenez des neurones miroirs ? Ils vont avoir de l'importance...

- Lors de la séparation, si vous êtes triste : il sera triste.
- Si vous êtes en larmes : il sera en larmes.
- Si vous êtes cool : il sera... en larmes quand même !

Pourquoi (alors que vous êtes cool là !) ? Parce que c'est trop dur parfois pour un jeune enfant de gérer un surplus d'émotion, mais vous resterez rassurant si vous êtes calme et bienveillant quand vous partirez de la maison (sous un torrent de larmes puissance dix mille !).

Ne pas hésiter à passer un petit appel 5 ou 10 minutes après (aux grands-parents qui gardent la crevette, par exemple), en règle générale, ça va beaucoup mieux (en règle générale hein !).

Et tout ça bien sûr va varier en fonction de vous et de vos trésors (parce que je ne vous connais pas dans la vraie vie...)

Attention

Attention quand même au réflexe de vouloir appeler ses trésors quand on s'absente longtemps (en mode un-petit-coup-de-fil-tous-les-jours) : le remède peut être parfois plus difficile à gérer que le mal (et là je parle pour eux, vous, vous êtes des adultes hein !).

Chronique 19

ON PEUT Y ALLER ?

Chronique 20

LES PUNITIONS

Je cherche...
Tu cherches quoi ?
Ce truc, là !
PSST
Ah ça !

Les punitions (« Quoi ! Ce mot existe encore ? ») sont LE point bloquant de l'éducation bienveillante ou positive, le mot tabou, interdit, le truc dont-on-ne-doit-pas-prononcer-le-nom. Et, pour résumer, dans ce joli mélange qu'est l'inconscient collectif : si on est pour les punitions on est des tortionnaires, si on est contre, des espèces de laxistes « créateurs d'enfants rois et d'adultes pourris » !
Oui. Ça fait beaucoup.
Pour autant cette notion de punition est tellement ancrée en nous qu'il paraît assez fou de faire semblant de croire que ça n'existe pas...
Alors ? Et bah alors on met les pieds dans le plat ! Bim !

✖ C'est quoi, une punition ?

La question semble simple (voire complètement débile c'est ça ?), mais tout dépend de ce qu'on appelle une « punition » (encore cette fichue nuance...). Des représailles façon « loi du talion » ? Une mise à l'écart ? Une privation ? Une réparation ?
Vous l'avez compris, il y a punition et « punition ». Certaines peuvent avoir un intérêt éducatif, d'autres non, on détaille après.

✖ Pourquoi on punit ?

Pareil. Il y a plusieurs actes qui amènent un adulte à menacer ou à donner une punition. Une erreur ? Un accident ? Un débordement émotionnel ? Rien de répréhensible sur le papier, ce genre de comportement « arrive » aussi chez les adultes, est-ce que l'adulte subit pour autant de la répression ? Est-ce que je vais au coin quand je fais tomber ma tasse à café ? (Ouais je sais ça fait un peu prof d'école tout ça, mais c'est les punitions, merde ! Et on écoute au fond !)

✖ Et ça a quel effet ?

La voilà, la question qu'il faudrait se poser : qu'est-ce que ça provoque cette « juste et sévère » punition ? Pas le meilleur chez l'enfant.

- **Sentiment d'injustice :** si un enfant trouve que sa punition est injuste, il n'apprendra rien et ça ne l'empêchera pas de recommencer (sauf s'il a pété le dernier vase de Mémé, mais comme il est moche… merci !).
- **Baisse d'estime de soi :** rabaisser un enfant ou l'humilier n'apporte rien à sa construction. Mais peut-être que ça lui ôtera de la confiance en lui-même… (Normalement c'est bien d'avoir confiance en soi pour réaliser des trucs ! Normalement…).
- **« Peur du gendarme » :** un enfant puni fera tout pour éviter d'être puni à nouveau et donc ne pas se faire prendre, mais ça ne l'aidera pas du tout à respecter les règles.

Mais, dis donc, ça fait bien laxiste ton truc !

Il nous reste quoi alors ?

Facile (#team2^{e}degré). Il nous reste à punir sans « punir ».

- **On sépare l'enfant de l'acte.** Il a fait mal à quelqu'un, il n'est pas méchant pour autant. Il n'a pas respecté une règle, ça ne fait pas de lui un anarchiste (ni un punk ! À voir pour la crête…).
- **On se détend et on gère sa colère.** Même si ce que la crevette a fait est hoooorrible (genre elle a jeté les crayons de couleur dans les toilettes), ça n'est pas dirigé contre vous, elle ne vous veut pas de mal (enfin normalement…) et, comme souvent, la colère est mauvaise conseillère… Non ?

✖ Et après ?

On apprend tous de nos erreurs, même les enfants, encore faut-il prendre le temps d'expliquer, de raisonner.

- **En cas d'accident :** « Tu as couru dans le salon et tu as renversé un verre, voilà pourquoi je ne veux pas que tu coures dans le salon… Prends une éponge pour essuyer. »

- **En cas d'erreur** : « Tu as dessiné sur la table parce que tu as cru que ça partait tout seul, je ne veux plus que tu le fasses, va chercher une éponge pour nettoyer. »
- **Ou en cas de débordement émotionnel :** « Tu as tapé ton frère parce qu'il t'a fâché. Tu as le droit d'être en colère mais pas d'être violent, va chercher une éponge pour... Hein ??? »

En tant que parents, que l'on soit pour ou contre, zen ou complètement débordés, on peut croire que la punition est la solution ultime pour revenir au calme et que les enfants arrêtent ~~leurs conne...~~ leurs bêtises... Mais cette réponse ne doit jamais être une vengeance, un moyen de faire peur ou de faire mal. La réponse à un débordement, quel qu'il soit, doit être constructive et compréhensible. Sinon ça pique, ça humilie et surtout ça ne sert à rien !

Chronique 21

TOUT SUR LE VERT !

Chronique 22

MOTIVÉ, MOTIVÉ !!

Allez, avance !!
Mais recule enfin !
Retourne plus vite en défense !!
C'est pas possible de louper ce tir-là !!
C'était trop facile ou quoi ?
Je vais arrêter le basket...

C'est normal en tant que parents de vouloir tirer ou pousser nos valeureux trésors sur les chemins que la vie leur offre (et les études qu'on paie aussi, non mais oh ! Parce que la vie... c'est pô gratuit !). Mais, malgré toute notre bonne volonté, il arrive parfois que l'on n'emprunte pas la meilleure des voies...

✖ De quoi tu parles, coco ?

C'est simple, quand on demande à nos enfants de faire des efforts, des progrès ou de « tenir le cap » qui était fixé, on peut avoir tendance à être dans l'encouragement « négatif » plutôt que « positif ».

✖ Hein ? Comprends rien moi... (Nul de nul, ton truc !)

On parle ici des critiques, des reproches qu'on leur fait « pour leur bien » au quotidien, dans le sport, la culture, l'école... (Et là ça vous parle quand même ?) Problème, que l'on en soit conscient ou non, aucune critique ou aucun reproche ne permet *vraiment* d'avancer, au contraire des compliments et des encouragements...

✖ Ah oui, et pourquoi donc ?

Critique et reproche détruisent le sens de l'effort : « J'ai fait tout ça pour rien puisque c'est nul ! »
Alors que les compliments et les encouragements aident à construire la confiance en soi et l'envie de progresser : « OK ! Il y a des erreurs, mais j'ai envie de me corriger pour mieux faire... »

Facile à dire tout ça... mais concrètement on motive comment ? Avec des mots doux et des paillettes ?

Pourquoi pas, mais il y a d'autres astuces... (En plus elles sont moins galères à enlever que des paillettes !)

- **Le compliment descriptif :** un compliment doit avoir du sens pour être entendu : « Tu as bien travaillé », « Ton dessin est joli », c'est trop général. « Tu as bien bossé ton devoir de maths », « La tour au fond est vraiment réussie ! » ont plus de sens, ce sont des compliments constructifs. Ils permettent à votre enfant de comprendre exactement là où il a « bien fait » (et aussi que vous avez vraiment regardé...).
- **En impliquant l'enfant :** quand on demande à un enfant de se motiver pour quelque chose, il faut que l'envie parte de lui, sinon quel intérêt ? On fait un effort et des progrès d'abord pour soi, pas pour faire plaisir aux parents (même si ça fait plaisir aux parents).
- Et surtout : **en remarquant les efforts** à voix haute ! On met en avant le positif (nom de nom !) : « Tu as encore mis trop de temps pour t'habiller » devient « Tu as mis 10 minutes de moins qu'hier, continue comme ça ! ».

✖ C'est le moment où tu parles des récompenses, c'est ça ?

Bien vu !

Attention avec les récompenses comme base de motivation. « Voilà un bonbon parce que tu as été sage », « Voilà un Lego parce que tu as eu une bonne note », « Voilà une voiture parce que... wow !!! »

Déjà parce que cela masque la vraie récompense : être allé au bout de quelque chose, avoir réussi à progresser... Ensuite parce que cela « casse » la motivation voire l'annule complètement quand vous ne pouvez plus fournir de récompense intéressante (un Lego quand votre

Valoriser l'échec

Dans nos sociétés ultra-compétitives, il arrive souvent qu'on sous-estime la valeur d'un échec. Un échec est un apprentissage en soi. Une marche de plus vers la réussite. Il faut absolument sortir de la tête de nos enfants qu'on est nul quand on échoue (et de nos caboches aussi). De toute façon, il n'y a que ceux qui ne font rien qui n'échouent jamais (bim ! Mais c'est pas de moi...).

ado ne rêve que de traîner avec sa bande ? Vous ne faites plus le poids !). Donc on lève le pied sur les récompenses (en plus, ça soulage le budget...).

✖ Alors on est génial parce qu'on est un loser ?

Non. Mais nos échecs ne font pas de nous des gros perdants et peuvent même rassurer nos crevettes. « Mes parents n'ont pas toujours été parfaits alors qu'ils sont géniaux, donc moi aussi je peux réussir à être génial ! » Re-bim !
Alors assumons nos échecs, parlons-en à nos enfants (avec le sourire, hein). Pour le reste, ça se voit qu'on est au top, non ?

Chronique 23

TU VEUX JOUER AVEC MOI ?

Chronique 24

LE CLASH

Plus tard

OK ma fille, je vais t'apprendre les bases de la répartie...
Et tout ce que tu dois savoir pour devenir la reine des clasheuses de ton collège ! OK ?
OK.
J'ai rien entendu !
OK !!!
Très bien ! Tu as trois choses à savoir pour avoir de la répartie...
❶ utilise ce que te balance ton adversaire !
❷ sois vive et très rapide !
❸ tape fort tout de suite !
C'est tout ?
Non, il y a aussi une règle d'or...
On ne touche pas aux fringues ni au physique !
Pourquoi ?
Trop facile. C'est le côté obscur de la force...
Assez parlé ! À l'entraînement !!

ROUND 1

ROUND 2

FINAL ROUND

Je me demande ce que ça fait d'avoir une fille aussi nulle...
Demande à ta mère.
WINNER
Je suis fier de toi ma fille... Tu es prête.

Le lendemain
Alors ? Tu l'as fait ? Elle t'a dit quoi ?
Tu lui as balancé quoi ? Et après elle a fait quoi ?
Alors, alors, aloooooooooors ???
Quand elle a voulu me clasher, je savais tout de suite ce que j'allais répondre...
Mais j'ai rien dit, ça me suffisait... Alors je l'ai regardée et je suis partie !
Et ça, ça l'a clashée !!! Bim !
Bam !
J'ai fait des crêpes, tu veux des crêpes ?
Tu dois avoir faim...

DÉFIS EN MODE EXPERT

Chronique 25

PARENTS COUPABLES...

On y va mon bonhomme ?
D'accord...
C'était trop bien le toboggan aujourd'hui !
Ça va toi ?
Non... Et toi ?

Quand, en tant que parents, on décide de s'investir dans l'éducation de nos enfants, il est probable qu'on se mette un ~~peu~~, ~~parfois~~, souvent la pression (comment ça, non ? Qui lit un livre sur l'éducation positive, hein ?). La pression de leur donner le meilleur, la pression de bien faire et surtout que le résultat soit à la hauteur de nos investissements. En gros, que ça paie !
Problème, à force de croire que tout ce qu'on met en place a des effets visibles et immédiats, il arrive que l'on déprime au moindre échec... Allez hop ! On relève le menton : rien n'est grave...

✖ « Oui mais, franchement, les autres sont vraiment meilleurs que nous ! »

Ah oui ? Attention aux « autres » et à l'image qu'ils renvoient. Que ce soit au square, sur les réseaux sociaux ou à l'arbre de Noël de la boîte, on essaie tous de paraître au mieux face au reste du monde !
Et, si « machin et machine », influenceurs-star sur « trucstagram » ou « tok-tok », vous montrent leurs enfants souriants après trois heures de rando face à un panorama féerique, ils oublient peut-être de te dire qu'ils sont arrivés là en hélico ! (En Scénic ça marche aussi...)
Bref, on est tous à certains moments de notre vie en représentation, et ça n'est pas un problème tant qu'on n'oublie pas que ça peut être le bordel en coulisses...

✖ « Non mais, quand on voit ce qu'on devrait faire en termes d'éducation, on n'est pas top-top ! »

Selon qui et quoi ? Les copains-copines qui passent leur temps à vous expliquer ce que vous « devriez faire », les grands-parents qui vous balancent

du « Moi, de mon temps » ou les livres qui étalent du conseil par doubles pages avec de la BD pour faire couler (alerte ironie : ce livre est génial, je l'ai écrit avec mon sang et Lavipo s'est enfermée trois mois dans un monastère pour dessiner...) ? Prenez ce que vous voulez ! C'est vous qui connaissez le mieux votre vie et vos spécificités.
Les conseilleurs ne sont pas les payeurs (phrase bateau niveau CM2, mais quand même), y compris l'auteur de ce livre (moi-même donc...), qui galère ~~parfois~~ souvent avec ses enfants... (Deux secondes, il faut que j'aille coller un autocollant Lego.)

✖ « D'accord mais il y a tellement de trucs à changer, à faire, à penser... »

Pas faux. En même temps on n'est pas obligés de TOUT mettre en place en MÊME temps, si ?
Il n'y a pas de compét' de parents et on n'élève pas nos crevettes pour qu'elles soient les meilleures du monde, non ? Si on arrive à communiquer correctement en les respectant et en se respectant soi-même, c'est déjà pas mal ! Alors stop aux objectifs irréalisables, aux *to-do lists* à rallonge et aux week-ends chronométrés (ouais ! #bouquinengagé) !

✖ On se détend !

Des règles pour être cool et arrêter de s'en vouloir tout le temps ?
OK.

- **Être indulgent avec soi :** ça n'est pas facile d'assumer son rôle, d'être à l'écoute, de casser les codes qu'on nous a inculqués... Alors bravo d'essayer !
- **On ne sait pas tout :** un adulte continue d'apprendre, de changer, de se remettre en question. On peut se tromper même si on est vieux, et heureusement...
- **Les erreurs, c'est cool :** surtout si on les assume et qu'on s'en excuse quand c'est nécessaire. Déjà parce que ça permet à nos enfants de

comprendre que c'est normal de faire des erreurs (et de s'excuser), ensuite parce que vous devenez « atteignables » pour vos crevettes (et non une sorte de dieu vivant qui est et sera toujours au-dessus de tout !).

Voilà ! Il y a tout et rien dans ce chapitre, mais surtout l'idée qu'il n'y a pas de recette miracle pour réussir l'éducation de ses enfants et surtout que ça n'est pas grave de faire des erreurs… (Enfin sauf la fois où… bref !)
L'objectif de l'éducation bienveillante n'est pas de fabriquer de bons parents mais d'aider chacun d'entre nous à être le meilleur parent possible au quotidien : encore mieux qu'hier et moins bien que demain ! (Bim de fin.)

Chronique 26

L'IMPORTANCE DES MOTS

Chronique 27

L'ÉCOUTE ACTIVE

De toute façon, je te l'ai toujours dit :
faut pas écouter les arbitres !
En tout cas, j'aime plus trop ça...
C'est juste une mauvaise passe... ça ira mieux...
« Mauvaise passe » ?
STADE
À tout à l'heure...
... et amuse-toi bien !
Papa ?!?!

Ici, on aborde le truc que tous les parents font volontairement ou inconsciemment : entendre sans écouter. Quand on laisse les plaintes de l'enfant couler en ajoutant savamment de petits mots dans la conversation pour faire genre on écoute alors qu'on scrolle sur son téléphone (grillé !).

C'est vrai que c'est tentant et facile, mais (et c'est assez fou), quand une de nos crevettes nous parle, c'est souvent pour nous dire quelque chose (oui je sais, c'est totalement *mind-blown* comme idée !).

Allez, on lâche son portable et on attaque le sujet !

✖ L'écoute active, c'est quoi ?

L'écoute active ou bienveillante est une manière de dialoguer mise en avant et développée par les travaux du psychologue américain Carl Rogers (aucun lien de parenté avec Steve Rogers, alias Captain America...).

Cette technique cherche à décoder et à mettre en mots les émotions de celui qu'on écoute. Concrètement, pour nous parents, c'est aider notre enfant soit à :

- Se confier précisément sur un problème (il y a une grosse différence entre dire « J'aime pas l'école » et « Ce que je n'aime pas à l'école, c'est... »).
- Prendre conscience d'un problème et être sur le chemin de la solution (c'est plus facile pour n'importe qui d'avancer quand on sait ce qui ne va pas [« La maîtresse me fait peur quand elle me crie dessus »] que quand on navigue dans l'inconnu [« J'ai une grosse boule au ventre quand j'arrive en classe... »]).

✖ Oui mais moi je l'écoute, mon gamin !

J'en suis sûr ! Et lui aussi, mais, parfois, inconsciemment on cherche à cacher le problème sous le tapis plutôt qu'à le résoudre vraiment.
Les phrases du genre « Mais si... », « Ne dis pas ça... », « C'est pas possible que machin ait fait ce truc... » cassent le dialogue, la confession, l'énonciation du problème ou du mal-être.
Ça n'est pas forcément catastrophique chaque fois (si le sujet c'est « Maman ! Papa a mangé le dernier Kinder ! », on ne va pas convoquer l'ONU non plus), mais, à force, ce type de réponse un peu toute faite risque de casser le lien et de faire que votre enfant ne se confie plus (et ça, c'est pas génial-génial...).

Et c'est le moment où tu vas nous expliquer comment faire ? (p'tit malin va...)

Un peu (et très, très modestement, hein !). Une écoute active, c'est une écoute où on :

- **Reste concentré.** Si le moment est à l'écoute, la vraie, on lâche son portable ou on oublie 2 secondes de resservir un verre pour l'apéro (la bouteille est grande).
- **Ne porte pas de jugement.** Même si ce que vous dit votre enfant semble horrible (« J'ai envie de le tuer ! »), les mots ne sont pas des actes et peuvent surtout révéler un profond mal-être. Alors, son jugement (parce que oui, évidemment, on juge... !), on le garde pour soi.
- **Reste silencieux.** Le silence est précieux dans une conversation, un dialogue. Quand on a besoin de confier quelque chose qui nous préoccupe, les mots parfois ne sortent pas tout seuls. Alors on leur laisse le temps d'arriver.
- **Utilise le langage non verbal.** Une main sur l'épaule, un câlin, tout ce qui peut montrer que vous êtes disponible entièrement.
- **Ne va pas trop vite dans le conseil.** Vous aimez qu'on vous donne des conseils, vous ? Pareil ! Alors aidez votre enfant à faire son propre chemin plutôt que de lui indiquer le vôtre.

- **Aide en posant des questions** plutôt qu'en donnant des réponses. En écoutant les problèmes, vous aidez vos crevettes à s'en emparer pour les affronter. C'est incroyablement plus efficace que de le faire vous-même (et c'est plus beau...).

Évidemment, ça ne marchera pas du premier coup et on n'est ni des psys ni des robots. C'est une question d'habitude pour vous et vos gnomes, qui comprendront qu'ils peuvent vous parler « vraiment ».
Ne jamais oublier que rien n'est inacceptable, même si c'est parfois difficile à entendre. Et si ça va trop loin... il ne faut pas hésiter à aller voir un spécialiste.

Chronique 28

NEURONES MIROIRS...

Chronique 29

TU SERAIS PAS EN TRAIN DE ME CHERCHER ?

S'il...
S'il...
Te...
Te...
PLAÎT !!!!!
Lâche ce verre sinon tu vas le casser !
LÂCHE CE VERRE !!!
CENSURÉ
OH PU

Vous avez des enfants qui vous tiennent tête ? qui répondent comme si c'était des « bonhommes » ? Vous êtes parfois désespérés et avez l'impression de vous retrouver dans un film de Scorsese où un capo tient tête au Parrain (alors que c'est vous le chef, merde !).

Comment faire pour éviter une guerre de pouvoir et que tout ça parte en cacahuète (#3^e^degréquandmême) ?

✖ « C'est quoi cette crise ? »

Même si c'est très violent pour nous parents, chez un enfant, l'insolence ou la provocation est avant tout un signal : il y a souvent « quelque chose » derrière cette montagne d'agressivité, d'ondes négatives qu'on se prend en pleine poire.
Alors, même si c'est difficile, on peut essayer de se demander pourquoi. Est-ce parce que vous-même avez ce genre d'attitude (effet miroir... tu sais les neurones, là...) ? Est-ce une réponse à une autre forme d'agression ? Ou alors est-ce un problème avec les limites que vous avez fixées (avec trop de limites, on peut se sentir étouffé ; avec pas assez de limites, on peut se sentir en insécurité) ?

✖ Le cas de l'adolescent(e)

L'« ado » est une espèce à part, le membre d'une tribu bizarre avec ses propres codes, ses rites secrets et surtout son rythme de sommeil assez particulier ! (Je le sais, j'en ai été un ! Vous aussi ? C'est fou ça !)
Un enfant qui traverse l'adolescence (et qui donc se transforme en adulte) est souvent en conflit avec ses parents, parfois par de l'insolence ou de la provocation.

Cela s'explique par :

- **Le besoin de s'affirmer.** Il ou elle construit sa propre identité.
- **Un trop-plein d'émotion** difficile à gérer. Quand on se construit, les « choses » n'arrivent pas forcément progressivement...
- **Un besoin d'exister** un peu plus fort dans sa famille. Mais sans avoir les codes sociaux, ni l'aplomb, ni l'attention (là c'est de la faute des parents, hein...).
- **Envie de couper le cordon.** Il ou elle devient un être autonome doué de raison, il crie au monde qu'il « n'est plus un bébé » et qu'il n'a « besoin de personne ».

✖ Et on fait quoi ?

Déjà comprendre qu'éducation bienveillante ou pas ce type de comportement n'est pas acceptable. Pour autant la répression aveugle n'est pas une attitude positive non plus.

On tente le juste milieu ?

- **Ne pas entrer dans le jeu.** On ne calme pas quelqu'un qui hurle en lui hurlant dessus (ça marche pas... Je sais, j'ai déjà essayé).
- **MAIS rappeler les règles ultimes** (du type « On ne crie pas », « On n'insulte pas » et « On ne casse rien », par exemple...).
- **Ne pas le prendre personnellement.** Oui, ça paraît fou, mais souvent nous sommes des catalyseurs, des punching-balls, on est là pour crever l'abcès...
- **Attendre le retour au calme.** Pour renouer le dialogue et chercher à comprendre ce qui peut bien se passer de si grave.
- **Essayer de se mettre à sa place.** Pas pour excuser l'attitude, mais afin de comprendre pour avancer...

Tout ça bien sûr est facile à écrire et plus difficile à vivre ! Bon courage (je m'en souhaite à moi aussi !).

Juste un dernier point : quand un enfant donne son avis, ça n'est pas de l'insolence, c'est « juste » son avis !

... Et elle lâche le verre ! Tu te rends compte ?
Bah... c'est ce que tu lui avais dit de faire, non ?

Chronique 30

L'IMPORTANCE DU DIALOGUE

Chronique 31

LA RÈGLE D'OR

Après l'école et le goûter, on y retourne !
C'est ici qu'ils viennent pour continuer à apprendre...
apprendre et apprendre encore... jusqu'au dîner !
Éducation Positive
Et pour finir, les oubliettes !
On est bien obligés de faire respecter les règles, non ?
Vous n'entendez pas comme un cri ?
Z Z Z Z
Education Positive
Education Et
Education

Pas facile de trouver un juste milieu, de savoir faire la différence entre ce qu'on « veut » faire et ce qu'il « faut » faire quand il s'agit d'élever correctement nos crevettes.
Quand on se plonge tête baissée dans les moyens de trouver la meilleure manière d'accompagner nos enfants, on trouve tout, et son contraire, à boire et à manger. Des trucs avec lesquels on est d'accord alors que d'autres nous font bondir (« Non mais *whatttt* !! C'est quoi ces principes d'éducation de m... Tout fout le camp ! Et y a plus de saison non plus, mais oh !!! » #pilier-de-bar-sors-de-ce-corps).
Et si, finalement, ça n'était pas si compliqué ?

✖ Une règle pour gouverner toutes les règles

C'est un peu péremptoire, je sais, mais posons-nous la question : y a-t-il une règle, un principe de base sur lequel se reposer pour vivre en harmonie avec nos enfants ?
Y a-t-il un moyen de passer des week-ends cool, détente, sans hurler, en espérant une minute de calme dans la journée (c'est pas beaucoup demander, une minute ? Non ? NON ???) et surtout d'avancer en tant que famille dans l'harmonie (et les paillettes, c'est important les paillettes...) ?
Eh bien, ce Graal existe : la sacro-sainte « règle d'or ».

✖ Ah oui ? Et c'est quoi donc ?

Cette règle magique existe depuis les débuts de l'humanité. Elle est exprimée dans de nombreuses religions et philosophies mais aussi dans des mouvements athées (pas de jugement. Pour personne... Bim !!).

Elle se dit de plusieurs manières (et dans plusieurs langues même des mortes-qu'on-n'apprend-plus-à-l'école) et a autant d'impact que la force d'un chevalier Jedi...

✖ T'es parti loin, coco ! Tu nous la délivres, ta formule magique ?

En fait vous la connaissez déjà : « Ne fais pas aux autres ce que tu ne voudrais pas qu'on te fasse. »

✖ Wow et c'est tout ?

Bah oui c'est tout ! C'est simple, basique, évident. Cette espèce de morale universelle devrait pouvoir résoudre tous les conflits et surtout les problèmes au sein de nos familles :

- Je ne te piquerai pas de Lego car je ne voudrais pas que tu m'en piques.
- Je te laisserai tranquille dans ta chambre car j'aime aussi être tranquille dans la mienne.
- Je ne tricherai pas au Monopoly... parce que c'est grave, merde !!! Parc gratuit, c'est parc gratuit !!!

✖ Voilà ! J'arrête pas de leur dire ça (même si je savais pas que c'était philo-machin...)

Vous voyez ? Mais, ce qui est intéressant avec ce principe, c'est quand on l'applique à TOUTE la famille et pas qu'aux enfants.
En tant que parent :

- Je ne peux pas lui dire qu'il mange trop de trucs dégueu en m'empiffrant devant lui.
- Je ne peux pas l'obliger à respecter MES règles si je grille tout le monde dans la queue du supermarché.
- Je ne peux pas lui interdire de tricher au Monopoly si je pique dans la banque discrétos !!

Même si un enfant n'est pas *vraiment* un mini-adulte, il est un individu à part entière et, même s'il n'est pas aussi fourbe et malin que vous, il observe, imite et comprend beaucoup de choses.

Et si c'était ça, mettre en place une éducation bienveillante ? Avoir de l'empathie (et arrêter de tricher au Monopoly aussi...).

Chronique 32

C'EST PAS AU VIEUX SINGE...

Chronique 33

LA BIENVEILLANCE POUR SOI...

J F M
Salut ! Tu fais comment quand ton fils a du mal à dormir ? Mais genre à 3 heures du mat' ????
VRRR
À plus tard !
VRRRR !!
Maths
Ah... Enfin le rep...
RRRe

Ça vous parle, hein ! Ces journées interminables où il faut tout donner pour que nos « amours » soient bien, heureux, épanouis et surtout sur les bons rails de l'épanouissement personnel.

Ce temps passé à réfléchir à la bonne attitude, à la phrase juste et à la réponse appropriée.

C'est très chouette, c'est gratifiant et enrichissant, mais c'est carrément crevant ! Non ?

Si.

Élever ses enfants dans la bienveillance, ça demande beaucoup d'énergie !

✖ Dis donc ! C'est pas très positif et bienveillant ça !

Ah bon ? Et pourquoi s'il vous plaît, messieurs-mesdames (oui, je surjoue un peu l'offusqué…) ?

On peut assumer de vouloir donner le meilleur de soi pour ses crevettes et trouver ça crevant, éreintant. Et, à force de se remettre en question en permanence, de s'impliquer à fond, sans limite et à corps perdu, on risque de friser le burn-out parental !

Ça serait dommage quand même… (Perso, je trouve que oui.)

✖ OK ! Alors on arrête tout ?

Et voilà ! Avec vous, c'est tout ou rien ! Soit on est « à fond, à fond, à fond », soit on se cale dans un transat et on laisse faire jusqu'à ce qu'ils s'en aillent de la maison !

Le sujet n'est pas de savoir s'il faut s'impliquer autant dans l'éducation de nos enfants, mais de prendre conscience qu'il ne faut pas pour autant s'oublier : on ne reste pas dans un coin (pas plus que bébé d'ailleurs [t'as la réf. ?])

Être des parents bienveillants, ça n'est pas un 100 mètres mais une course de fond, il faut tenir la distance ! Alors on se ménage, et on pense à soi !

✖ J'aime bien ce chapitre moi ! Mais pourquoi ? C'est pas les enfants avant tout ?

Parce que vous auriez besoin de plus pour vous autoriser à lâcher le pied ? OK. Il faut impérativement se préserver et penser régulièrement à soi :

- Pour éviter d'avoir de la rancœur envers ses enfants. « Ingrat, va ! T'as vu tout ce que j'ai sacrifié pour toi ? »
- Pour garder intacte l'envie de continuer (parce que, parfois, laisser tomber peut nous chatouiller...).
- Pour rester sincère dans la démarche (parce que faire de l'éducation bienveillante en mode robot...).
- Et parce que nous aussi on est super importants, bordel ! (Être vulgaire pour marquer le coup : *check* !)

✖ Donc il faut que je pense qu'à ma g... ?

Oui, mais pas que ! (Et attention au langage quand même.)
Vous, ça n'est pas que « vous » tout(e) seul(e) (c'est pas toi, quoi : c'est vous). En cas de grosse fatigue parentale, le couple aussi peut prendre un coup dans la carlingue ! Car, même si vous êtes d'accord sur les grandes lignes de ce que vous voulez transmettre à vos crevettes, il peut arriver qu'il y ait des sujets ou des conversations qui coincent :

- Parce que vous ne développez pas les mêmes liens avec vos enfants. « De toute façon tu passes tout à ton fils ! »
- Parce que vous n'avez pas forcément les mêmes envies au même moment. « Une randonnée ? J'avais prévu un ciné ! »
- Et bien évidemment parce que vous n'avez pas les mêmes capacités et la même résistance (au bruit ou au « marchage sur Lego », par exemple).

Il faut donc être deux à se ménager, pour être certains d'être deux sur la durée (c'est plutôt limpide ça, non ?).

Pour résumer

→ **On s'écoute !** (Quand on est fatigué, on est fatigué...)

→ **On se ressource** (à deux ou seul[e]), on fait quelque chose rien que pour soi et sans culpabilité ! C'est vital, précieux, indispensable.

→ **On impose le « break »** et on l'explique à ses enfants : ça n'est pas de l'égoïsme, nous sommes importants et avons le droit aussi d'avoir du temps pour nous.

Pourquoi ? Parce qu'on est super importants, bordel !

Chronique 34

SI VOUS FAITES ENCORE LES MALINS !!!

Chronique 35

LE PRENDRE AU SÉRIEUX

De toute façon, vous comprenez rien !
Tu vas m'expliquer le foot aussi, tant que t'y es...
Non, mais je vais t'expliquer l'abus d'alcool...
Tiens !
Viens t'asseoir à côté de moi 2 minutes...
Alors !
Qu'est-ce que tu penses de ta vie ?
De la vie quoi !

Loin de moi l'idée de tirer dans les pattes de nos aînés (coucou Maman, bisous Papa !), mais les adultes ont traditionnellement tendance à laisser de côté les réflexions et les sentiments des enfants. Par souci d'efficacité au quotidien ou parce qu'un enfant « ça ne sait pas, ça apprend en se taisant » il est encore difficile aujourd'hui de casser ce « moule éducatif » et d'essayer, enfin, de prendre au sérieux la génération suivante.

✖ Très bien ! Je veux bien faire attention à tout ce qu'ils disent, mais c'est vraiment si important que ça ? (Parce qu'ils en disent des c...ries aussi !)

Oui, c'est essentiel même, et pour plusieurs raisons :

→ Parce que ça aide l'enfant à se construire.

Avoir un échange avec un adulte permet de se remettre en cause, de se poser des questions, de faire grandir et mûrir sa capacité à raisonner, d'avoir de la réflexion sur soi (et sur la vie en général). Et c'est le genre de truc qui ne s'apprend pas tout seul dans sa chambre, ça !

→ Parce que c'est important que ses émotions soient prises au sérieux.

Les peurs, les angoisses, les colères et les joies aussi sont des émotions qui ne sont pas vécues par hasard, par caprice. Il nous faut, en tant que parents, les accueillir, essayer de les comprendre pour que notre « petit trésor » puisse les apprivoiser, et vivre avec (perso je suis chauve, ma barbe est [un peu] blanche et j'ai toujours peur du noir, des requins et des piqûres... mais je « vis avec »).

→ **Parce que toute question est légitime, même si elle est fatigante ou gênante.**

Ça n'est pas parce que la question est posée par un enfant qu'on peut « juste » répondre « Parce que c'est comme ça ! ».
Un enfant n'est pas une demi-personne. Il faut donc s'efforcer de le nourrir abondamment en répondant à ses questionnements et ses interrogations. Même si c'est « C'est quand qu'on arrive ? » ou « Pourquoi dans le film le monsieur et la dame ils sont tout nus ? »

→ **Parce que ça nous aide aussi à être pris au sérieux par eux.**

La communication avec son enfant fonctionne comme avec les autres personnes, c'est un échange, une réciprocité. Si vous le prenez au sérieux, il risque de vous prendre au sérieux (enfin il risque, hein ! C'est pas garanti !).
(Je glisse une petite référence aux neurones miroirs ou vous l'aviez vue venir ?)

→ **Mais, prendre au sérieux, ça n'est pas être d'accord sur tout.**

Vous êtes le parent, l'adulte référent, vous êtes donc responsable et prenez donc les décisions au final.
Prendre au sérieux et accueillir les questions, les réflexions et les émotions de son enfant, ça n'est pas tout accepter, tout valider mais « juste » écouter et prendre en considération sa crevette, en bref : essayer de comprendre.

Pour finir, il faut impérativement prendre en compte son enfant et ce qu'il dit, car c'est lui donner de l'importance... Et ça, c'est important !

Tu crois pas que t'en fais un peu trop ?
Il veut juste jouer au foot là...

Chronique 36

ON SE FERAIT PAS UNE PETITE...

Chronique 37

FLASH ENCORE PLUS BACK !

J'aime bien venir ici regarder les jeunes…
… alors ils font de l'exercice pour moi…
J'arrive plus trop à bouger à cause de mes rhumatismes…
C'est bien…
Vous veniez ici quand vous étiez enfant ?
Houlà non !
On n'avait pas tous ces trucs-là…

On jouait dans le terrain vague et si le copain qui avait le ballon ne venait pas... Tant pis ! On tapait dans une boîte de conserve...

L'école, c'était pas comme maintenant ! Fallait pas un mot de travers, sinon : coup de règle sur les doigts !

Mais bon… c'était comme ça ! Après l'école on s'amusait bien avec les copains, on était libres !!

Après, avec les parents, c'était pas la même histoire !
Surtout quand on était plus grands...

Mais bon, on ne se laissait pas faire ! On voulait refaire le monde !!!

Bref... C'était pas mieux...
... mais c'était mieux pour moi parce que j'étais jeune...
... libre, et que tout était possible...
Mais, maintenant je suis vieux,
alors je regarde les autres être libres...
Soyez libres, les jeunes...
C'était qui, le monsieur ?
Un blouson noir philosophe...

DÉFIS EN MODE HARD-CORE

Chronique 38

UN PEU DE RESPECT !

DRINNN
DRING
Allô ?
Comment ça « convoqué chez le directeur »... ?
Il a fait quoi cette fois-ci ?
Encore ?? Il commence sérieusement à me pomper l'air celui-là.
CAFE
Je suis là dans 20 minutes.
Tu peux lui dire qu'il est privé de console jusqu'à la fin de l'année...
Oui bah si je l'ai déjà fait, dis-lui que c'est le téléphone...
Oui, eh bah...

Parler respect et discipline dans un livre sur la bienveillance ? Même pas peur !
C'est un des sujets récurrents quand on aborde l'éducation bienveillante : écouter ses enfants et essayer de les comprendre nous plongeraient dans le laxisme et nous transformeraient en « faiseurs d'enfants rois ».
Rien n'est plus faux (bim !). L'éducation bienveillante et la discipline (faire respecter des règles) sont loin d'être contradictoires, même s'il faut malgré tout déconstruire certains schémas...

✖ Pourquoi « laisser faire » n'est pas la solution

Souvent, on réduit le principe de bienveillance à une éducation où nous, parents, on ne dirait jamais non (mais genre jamais, quoi !). Une espèce de monde où la famille serait un espace de liberté absolue et de laisser-aller permanent... Sauf que.
Si sur le principe cela pourrait en séduire certains (levez la main au fond), laisser les enfants responsables de tous leurs choix peut avoir des conséquences négatives :

- C'est mauvais sur le long terme. Difficile de grandir sans repère stable : s'il en a, en tant qu'adulte, il aura le pouvoir de les intégrer ou de les rejeter.
- C'est compliqué pour eux d'interagir avec le monde extérieur, qui est plein de contraintes, de refus et d'interdits.
- Parce que c'est fatigant quand même un dessin animé à 3 heures du matin ou un pique-nique dans le jardin quand il pleut, non ?

✖ Pourquoi « se faire obéir » ne l'est pas non plus

De l'autre côté du ring de la discipline, il y a cette idée que des enfants bien éduqués sont des enfants qui « filent droit ». Parfait sur le papier, mais :

- Il y a une grosse différence entre se soumettre (par crainte) et comprendre les règles.
- Suivre les règles aveuglément fera-t-il d'un enfant un « bon » adulte ?
- Être un parent qui règne par la peur, ça peut marcher... mais que se passera-t-il le jour où la crevette n'aura plus peur ? Octogone ou bataille de pouces ?

✖ OK très bien, mais on fait quoi pour se faire respecter ?

Plein de trucs cool et détente !

- **On est clairs.** Les règles de la maison et de comportement doivent être facilement compréhensibles en fonction de l'âge de l'enfant.
- **On pose un cadre.** Des limites (c'est rassurant les limites, un peu comme le petit bain quand on sait pas trop nager en fait...).
- **On « demande » plutôt qu'on « exige ».** On passe aussi quelques secondes à expliquer les raisons qui nous poussent à faire cette demande (c'est bien de comprendre pourquoi on doit faire un truc, non ?).
- **On respecte l'autre** (le gnome, le gamin, la crevette, l'enfant quoi...). À cause de quoi ? Du neurone qui a un joli miroir !!!
- **On répète**, et on répète encore...

✖ Et qu'est-ce que je dois pas faire ?

Plein de trucs pas cool et stressants (oui je sais, elle était facile celle-là).

- **Attention à la pression psychologique !** Les effets à court terme peuvent être visibles (c'est pas faux), mais à long terme il n'y a aucune vertu éducative. Ni dans la technique de la carotte (va-t-il se coucher sans caprice parce qu'il aura un bonbon ou parce qu'il a compris que c'était pour son bien de faire dodo ?) ni dans celle du bâton (va-t-il éviter de salir la moquette avec ses chaussures pleines de boue parce qu'il a peur de « s'en prendre une » ou parce qu'il comprend le principe général de propreté ?).
- **Attention également à la position « trop ferme » !** Le fameux « Quand j'ai dit non, c'est non ! » Si vous êtes catégorique et très, très ferme, vous ne vous offrez aucune porte de sortie acceptable. Si vous dites non aux

jeux vidéo, par exemple, et que votre moitié a déjà dit oui, comment revenir en arrière ? Comment assumer une position a priori injuste ?

À vouloir être trop rigide, on se met soi-même dans une position parfois intenable (et comme on n'est pas dans *Game of Thrones*, on n'a pas de dragon sous la main pour régler le problème... Si ?).
On ne va pas se mentir. Appliquer une discipline et une autorité bienveillantes prend sûrement plus de temps que de régner sur ses enfants par la peur... Mais l'éducation par la compréhension des règles, du cadre et de la vie en société est beaucoup plus bénéfique POUR EUX sur le long terme. Une étape de plus pour les rendre autonomes...

Chronique 39

MEILLEURE COPINE...

Chronique 40

J'Y ARRIVE PAS...

Bon. Alors, c'est quoi ton problème ?
En fait, je dois parler de la condition de la femme...
... dans la deuxième moitié du Moyen Âge dans le nord de l'Andalousie...
Et, en fait mon problème, c'est que...
bla bla bla bla bla blablabla
Mamaaaannnn !!! J'ai faim, on mange quoi ? Papa a rien fait pour ce soir ?
Et 5 x 2 ??? Tu peux me le faire sans calculatrice ? Non ? Comment ça « non » ?

Si vos enfants ont moins de 6 ans, vous pensez peut-être que, sortis des couches et des problèmes de coucher, « tout est fait » ! Que vous êtes enfin tranquilles, un peu de sommeil en moins le matin, mais vous êtes au top du top : vous gérez grave !
Et puis arrive l'école. Primaire. Collège. Lycée... Le début de la galère : comment faire pour soutenir nos crevettes dans leur apprentissage scolaire et les devoirs du soir sans finir en burn-out ? Quelle que soit notre opinion sur les devoirs, plus un enfant grandit, plus il revient de l'école avec un cartable chargé de cahiers et de leçons à réviser.
Qu'on se le dise : non, à 6 ans, une crevette n'est pas encore autonome, au début du collège non plus d'ailleurs, il va donc falloir encore mouiller le maillot pour accompagner nos petits baigneurs et les aider à passer de la pataugeoire au grand bain (vous avez compris l'image ou je réexplique ? Non ? Tant pis on n'a plus le temps...). On s'y met ?

✖ Quelques pistes pour s'en sortir

→ On n'est pas profs

Ni maîtresses d'ailleurs. Le soir, nous sommes là pour aider, pas pour sanctionner ou juger (tout le monde n'a pas les mêmes capacités d'apprentissage et chaque enfant a son rythme).

→ C'est pas l'école non plus

Pas besoin de reproduire un climat austère pour les devoirs.
Si votre gnome apprend correctement ses tables de multiplication dans

le bain ou en faisant de la balançoire, où est le problème ? (Ça marche moyen avec les jeux vidéo ou les dessins animés en revanche...)
Donc laissez-le se détendre et se relâcher, les journées d'école peuvent être longues.

→ Pas de compét' avec les copains

Sa voisine de classe sait déjà lire alors qu'il arrive à peine à déchiffrer une phrase à voix haute ? Et alors ? On avance, on apprend et on progresse pour soi, pas pour « défoncer Tom en poésie ! »...
Si vous pensez vraiment que sans esprit de compétition on fabrique des losers, vous vous êtes peut-être trompés de bouquin (mais bonne lecture quand même, hein !).

✖ C'est pas le moment de faire la revue du cartable

Oui, à l'intérieur c'est n'importe quoi, et les cahiers sont tout défoncés. Bien sûr, dans la trousse, il manque les trois quarts des fournitures alors qu'on est à peine en octobre... Mais là c'est « devoirs *time* » ! Pour le rangement des cahiers et le remplissage de la trousse, on verra ça samedi...

Attention au temps passé

La concentration chez un enfant est différente selon les âges. Rapidement :

→ Moins de 6 ans : pas plus de 20 minutes.

→ Moins de 10 ans : pas plus de 30 minutes.

→ Après 10 ans : 45 minutes sans pause, c'est déjà pas mal.

✖ Ne pas lutter trop fort

Parfois (souvent ?), la crevette ne veut pas. « J'suis fatigué... j'en peux plus... encore un exercice ? J'ai mal à la tête... » (On pourrait continuer des heures non ?)
C'est le moment parfait pour lui faire comprendre qu'elle ne fait pas ses devoirs pour nous faire plaisir, mais pour elle. C'est SA responsabilité.
Et si on aime le risque, pourquoi ne pas tenter un « Très bien ! Ne fais pas tes exos pour demain ! Tu verras ça avec ton prof de maths... ». On essaie ?

✖ À deux pour y arriver seul

Faire ses devoirs « comme un grand », ça n'est pas inné. Non, vraiment. Alors on les accompagne beaucoup au début, puis on lâche la bride, petit à petit pour leur donner plus d'autonomie. Quitte à y « revenir » si ça ne fonctionne pas.

Et si vraiment c'est la guerre de tranchées tous les soirs à base de cris, de hurlements et de vols planés de cahiers dans l'escalier... lâchez l'affaire et passez le relais !
Études dirigées, maths avec la grande sœur, français avec le cousin-qui-fait-lettres : l'aide aux devoirs ne peut pas, ne doit pas être une bataille d'ego (et vlan !).

Chronique 41

ENFANT VIOLENT...

Chronique 42

PAPA, MAMAN ? POURQUOI...

Papa ?
?
J'ai des devoirs à faire !
Houlà, moi aussi !!
Euh... débrouille-toi !
Tu vois les roses, les choux ?

On est tous différents. On a grandi dans des environnements différents, on a des choix de vie différents, des angoisses, des traumatismes et des aspirations différents.

Bref, il n'y a pas de pensée unique... (Et le jugement c'est pas bien... Non, non ! Pas bien du tout même.)

Cela étant, il y a quelque chose qui nous rassemble : tous les enfants du monde se posent toutes les questions du monde et gardent les plus embarrassantes pour leurs parents ! Du Père Noël à la Petite Souris, en passant par les MST et le *naked yoga*, chacun d'entre nous peut être à l'aise sur certains sujets graves ou sérieux et complètement désemparé sur ce qui ressemble à une question anodine-dis-Maman-pourquoi-les-deux-garçons-ils-s'embrassent. Voilà. Sans le savoir, sans le prévoir, on peut être acculé par une de nos crevettes... OK ! Mais comment faire pour s'en sortir la tête haute et, surtout, en lui permettant d'avancer (parce que c'est bien là le principal) ?

✖ Peut-on parler de tout avec son enfant ?

Oui. Enfin, rien ne sert de tout précipiter, on peut laisser un enfant aborder lui-même tous les sujets, à nous d'adapter la réponse.

✖ Il n'y a pas de sujet tabou

Considérant que c'est votre enfant qui arrive avec SA question, vous ne pouvez pas faire comme s'il ne l'avait jamais posée (« Lalalalalalala, non j'ai rien entendu ! Va te coucher avec ta question pourrie ! »)

Donc il n'y a pas de sujet « dont on ne parle pas ».

Déjà parce que si vous ne répondez pas à ses interrogations quelqu'un d'autre le fera (et qui ? Internet ? Son cousin-de-5-ans-de-plus-qui-comprend-rien-à-rien ?). Ensuite parce que refuser le dialogue sur un sujet compliqué peut :

- Provoquer un renfermement sur soi.
- Empêcher l'enfant d'aborder plus tard un sujet plus personnel.

✖ Dire la vérité

Même si on adapte le discours en fonction de l'âge de sa crevette, il ne faut pas mentir, a priori jamais (je dis « a priori » parce que je ne suis pas à votre place, hein ! #pasdejugement).
Si, par exemple, quelqu'un de proche est mort, on peut éviter de parler de « long voyage »… Sinon vous risquez de voir arriver la question « Et il revient quand ? ».
Ça évite aussi d'avoir à se dédire quand ils grandissent et qu'ils sont en âge de comprendre totalement (« Mais ça rend pas sourd en fait ??? »).

✖ Les laisser réfléchir

Avoir une conversation sur un sujet « grave » avec ses enfants ne vous place pas non plus en prof d'université face à un amphi ! Laissez s'installer des silences, cela leur donne le temps d'intégrer, de réfléchir, de se poser des questions (et de vous les reposer ensuite…).

✖ Ne pas en « donner trop » non plus

Garder une part de mystère, d'inconnu. Un enfant n'a pas besoin de tout savoir et tout comprendre tout de suite. Cela dépend de son âge et surtout de sa sensibilité.
Alors, lorsqu'on parle de la mort par exemple, on n'est pas obligé d'aller jusqu'à évoquer les stades de décomposition des corps… (Alors que c'est super intéressant en plus !)

✖ Ne pas faire transpirer ses propres angoisses

Si, pour nous adultes, des sujets sont compliqués à aborder voire carrément tabous, c'est qu'ils nous renvoient forcément à nos propres peurs, à notre rapport à l'intimité... Il faut essayer autant que possible de garder ça pour soi (ils auront assez de leurs propres angoisses...).

✖ Laisser la porte ouverte

Toujours... (enfin, on ferme celle de la chambre des parents... tu m'as compris !)

✖ Et si c'est vraiment trop pour nous ?

Il arrive que l'on ne soit pas capables d'aborder certains sujets de manière neutre et sereine. Il ne faut pas avoir peur de passer le relais à d'autres adultes de confiance (famille, parrain, marraine...).
Pour finir, je sais qu'il reste une question en suspens : c'est ce truc de *naked yoga* ? Allez voir le Tube... À vos risques et périls !

Chronique 43

DEMANDER PARDON

Chronique 44

ET SI ÇA MARCHE PAS ?

Bref ! Je te conseille de t'y pencher sérieusement...
... parce que ça marche !!!
Ah...
... Demain !
OK ! Mais si les Romains étaient copains avec les Égyptiens ?
Peux-tu m'expliquer le rapport avec les Gaulois ?
Je te préviens : on a tout notre temps puisque, à cause de tes notes nulles, j'ai cramé le dîner !

Et si ça marche pas ? Et si, malgré des kilos de bouquins, les mètres de pages de blog et les litres de bonnes intentions consommés, l'éducation de nos enfants, le quotidien à la maison, les rapports entre les uns et les autres sont toujours apocalyptiques ? On désespère ? On arrête tout ? On se dit qu'on est décidément vraiment nuls comme parents puisqu'on n'arrive pas à insuffler un tout petit peu de positivité ?
OK.

✖ On arrête.

→ On arrête de croire qu'il y a une formule magique

Il n'y a pas de règles « faciles à suivre » pour élever ses enfants. Même avec les meilleures intentions. Vous êtes uniques, ils sont uniques, votre famille et sa manière de vivre sont uniques ! Et si vous êtes cool avec l'idée de coucher vos enfants en même temps que vous, que ce soit à 19 heures ou à 23 heures, et que ça ne plaît pas au reste du monde : tant pis ! Personne n'est là quand vous êtes « pépouze » le dimanche tous en train de petit-déjeuner dans le même lit !

→ On arrête de faire les choses en surface

Être bienveillant n'a rien à voir avec « parler avec sa voix douce » en permanence. On peut être doux ET culpabilisant, ou ferme ET enrichissant.
La forme n'est rien sans le fond (#formuletoutefaite mais quand même).

→ On arrête de ne penser qu'à soi

Vous ne cherchez pas à élever vos crevettes pour vous mais pour elles.

On ne fait pas allemand parce que « Moi, ado, j'ai fait allemand, et ce sont les meilleures classes ! ».
Être bienveillant, c'est prendre l'autre en compte et respecter ses envies et ses choix (même si c'est être équilibriste ou cracheur de feu...).

→ On arrête de croire que la vie est un tuto YouTube

Facile de résumer la vie à des *life hacks* en 3 minutes chrono avec un joli montage et une p... de musique pour récolter de la visibilité... La vraie vie, c'est moins fun, moins glamour, moins « Dubai et Salt Bae ».

→ On arrête de suivre des conseils saupoudrés de « jamais » ou « toujours »

Rien n'est aussi net, blanc ou noir ! Nos quotidiens sont de belles teintes de gris et, de toute façon, personne ne va vous donner un diplôme, une note ou une médaille quand votre gnome aura atteint l'âge adulte !

→ On arrête de vouloir se simplifier la vie

Enfin, c'est bien de rendre les choses plus simples, plus faciles à vivre, évidemment. Mais quels que soient les choix que vous faites, il y aura des moments plus « hard-core » que d'autres, le tout c'est de les assumer et d'essayer d'accompagner au mieux le développement de votre crevette... Même si parfois cela veut dire faire des compromis.

→ On arrête de penser que « là, c'est bon, c'est gagné ! »

Ça veut dire quoi « C'est bon » ? Quand ils font leur nuit ? Mangent du solide ? Savent nager la tête sous l'eau, être polis avec les autres, ne pas faire de colère, avoir des arguments pour défendre une idée ?
Vivre en famille n'a rien de figé, vos enfants grandissent, vous grandissez, votre couple aussi (pour le meilleur, ou pas...), on danse en permanence sur des plaques en mouvement.
Peut-être que « ce qui marche » aujourd'hui capotera demain, ou l'inverse ? Qui peut savoir ? (Sûrement pas moi ! j'suis pas devin, oh !)

On arrête de culpabiliser

Vraiment. Une bonne fois pour toutes. Il n'y a pas et n'y aura jamais de parents parfaits !! Jamais, bordel !
Alors on fait au mieux, et on avance...

On arrête de NE PAS penser à soi

Se donner pour les autres c'est bien, ne pas s'accorder le droit à l'erreur... c'est triste.
Ne pas s'accorder le temps et le respect que l'on donne aux autres... c'est vraiment dommage et complètement injuste.
Alors ouais, on arrête ! On arrête de se mettre la pression en permanence et de voir la vie « bienveillante » comme une compétition.
On se détend. On fait au mieux. Ça sera déjà pas mal...

Chronique 45

LE MONO-LOGUE

Chronique 46

JE SAIS MIEUX QUE TOI !

Bah non ! C'est pas une planète du système solaire !
Bah si !
Bah non !
Euh... je peux savoir où tu as appris que Pluton n'était PAS une planète du système solaire ?
Encore des vidéos pourries du Tube ?
Non, à l'école...
Ouais, ouais...

« Je suis plus vieux donc je sais mieux. » Allez, on se l'avoue, plus on prend de l'âge, plus on navigue tranquilles dans le monde des adultes, plus on trouve naturel de se dire que « ouais, un adulte ça a quand même plus de connaissances qu'un enfant, merde ! ».
C'est peut-être un peu plus subtil que ça…

✖ Transmettre, c'est bien

C'est même incroyablement enrichissant pour un parent d'avoir le privilège de donner à son enfant ce qu'il a reçu, compris, expérimenté (ouais on se sent utile, important, on ne va pas se mentir là-dessus).
Mais…
(Oh t'es fatigant avec tes « mais »…)
La transmission c'est comme la communication, c'est mieux quand ça va dans les deux sens ! Non ?

- **Nous sommes complémentaires avec l'école.** Tout comme les livres, les documentaires, cela donne à nos crevettes un savoir académique sur le passé, les sciences ou le monde qui nous entoure. En plus de compléter ce savoir, nous pouvons être aussi des référents émotionnels ! Un peu à la manière des anciens qui racontaient la guerre et les bombardements, nous pourrons, dans quelques années, raconter le confinement et l'arrêt presque total du monde entier (ouais ! nous aussi, on a vécu un truc de dingue !!!).

- **Écouter autant que professer.** Vous n'êtes pas face à un désert ni à un Zénith rempli de gens qui ont acheté un billet pour boire vos paroles. Un enfant a sa perception du monde, le sien, celui d'aujourd'hui, alors même s'il ne « sait pas tout », ces réflexions le construiront autant que l'accumulation de connaissances, et vous pourrez enrichir ses pensées...

- **L'amener doucement vers le libre arbitre,** la liberté de comprendre et penser ce que l'on veut (et pas forcément comme ses parents), à vous de transmettre en posant des questions plutôt qu'en donnant des réponses...

- **Savoir se remettre en question.** On ne sait pas tout ! Jamais, même quand on a 99 ans et qu'on est au crépuscule de sa vie. Le monde bouge, change, et notre vision de la science et du passé aussi. (Comme le fait que Pluton n'est plus considéré comme la neuvième planète du système solaire depuis 2006, ou que les haricots verts sont des fruits ! Si, si... je vous jure.) Soyez heureux : vous avez un puits de connaissance tout neuf à la maison, faites-en bon usage !

✖ Attention à la transmission de vos croyances

Je ne parle pas ici de croyance spirituelle mais de biais inconscient que l'on se transmet parfois de génération en génération et qui n'a pas d'autre raison d'être que... d'être les croyances de la grand-mère.
Un exemple ? Ma grand-mère faisait cuire le rôti en coupant l'entame. J'ai donc passé ma vie à cuire le rôti en coupant l'entame (« trucs de grand-mère »). Un jour je lui ai demandé pourquoi (elle coupait l'entame, faut suivre un peu) : « Parce que mon plat est trop petit... »
Je *croyais* qu'elle le faisait pour que son rôti soit meilleur (oui j'appuie un peu pour que ça soit clair...).

La transmission de connaissances et d'expériences est un formidable moyen de communiquer, d'échanger, de partager ses passions, ses joies, ses peines. Et quand ça marche dans les deux sens, d'avoir la possibilité de se connaître mieux les uns les autres...

Oh p... le con !
Les Planètes

Chronique 47

FAIRE FACE

Chronique 48

TOUT VA BIEN SE PASSER...

Papi me demande encore si je suis en CP ou en CE1, alors que je vais passer EN 6e !!!
Mais ça encore, ça va...
De toute façon on peut rien dire, on peut rien faire...
Et si on prend ta console ?
OK ! Allez hop, on y va !
Toi, tu vas avoir des problèmes...
Ouais, ouais...

On leur donne le meilleur, non ? Tout ce qu'on décide pour leur éducation et pour la vie à la maison est le top du top, la crème de la crème de l'épanouissement personnel et de la bienveillance, non ? NON ???
Alors pourquoi les envoyer ailleurs ? Pourquoi cette obligation de les « mettre » en week-end ou en vacances dans la famille ou avec des copains ?
En fait la vraie question, petits angoissés que nous sommes, est « Comment faire pour que ça se passe bien pour eux, comme pour nous ??? ».
On relève les manches et on prépare les valises ! (Quoi, tout de suite ???)

✖ Les sortir de la bulle

Depuis qu'ils sont tout bébés, on peut avoir tendance à créer une sorte de « bulle protectrice » autour de nos crevettes, pour leur éviter la dureté et la violence du quotidien.
C'est une bonne intention, mais, il ne faut pas se mentir, à moins de les garder à la maison jusqu'à leurs 60 ans (vraiment ???), ils vont sortir de cette bulle à un moment de leur vie, et il est probable que le faire d'un coup ne soit pas la meilleure expérience...
Donc, accepter l'idée de confier ses magnifiques trésors à d'autres adultes (de confiance évidemment) est une bonne étape pour les préparer à voir le monde autrement qu'à travers vos yeux...

« D'accord, **mais comment je fais moi,** si je les pose un week-end chez Tata Janine alors que sa vie n'a rien à voir avec la nôtre ? »

Déjà on dit bonjour à Tata Janine, ensuite on fait des compromis !

✖ On accepte que ça soit différent

Il n'y a pas qu'une seule manière de « vivre » et de passer du temps avec des enfants.
Les règles, le rythme quotidien, l'ambiance, tout peut être (et sera sans doute) différent ! Et ça n'est pas grave ! Tata Janine ne vous demande pas de changer quand elle vient chez vous : pas de raisons que vous lui demandiez aussi...

✖ C'est enrichissant de vivre « autrement »

Même si ça ne répond pas à nos envies, à nos aspirations et à nos critères. Pourquoi ? Parce que la « vie dehors » ne répond pas non plus à tous nos critères... (Par exemple, moi je ne me reconnais pas dans le *naked yoga* et pourtant... ça existe ! Oui ça n'a rien à voir... Je sais...)
Et si votre gnome se couche plus tard que d'habitude : c'est pas si grave.
Et s'il se couche plus tôt : c'est pas si grave non plus !
(On peut changer ça aussi par « jeux vidéo », « tablette », « politesse », « légumes », « *naked*... » ah non ça non !!!)

✖ Poser malgré tout des limites strictes

Quand on confie son enfant, il y a transfert de responsabilité. Les règles de cette « autre personne » (Tata Janine donc) deviennent les règles à suivre. OK. Cela étant, il est normal en tant que parents de ne pas transiger sur certaines choses. Il faut donc en parler avant si besoin, par exemple :

- Pas de gifles ou de fessées.
- Pas de violence verbale.
- Pas d'alcool (« Oui Tata, même du cidre alors qu'il a déjà 11 ans... »).
- Pas de *naked yoga* (jamais. *Never*... même si : pas de jugement bien sûr !).

✖ La bienveillance, ça marche aussi avec les adultes

Si on prône la bienveillance au sein de son foyer, de sa « petite famille », il n'est pas si absurde que ça d'imaginer continuer à être bienveillant avec les « autres », « ceux qui ne vivent pas comme nous » (les fous...).

Alors quoi que vous pensiez du mode de vie de Tata Janine (ou du reste du monde d'ailleurs), respectez-le.
Vous n'aimez pas quand on vous regarde de haut avec vos « principes d'éducation à la noix, vous allez finir par devenir esclaves de vos enfants, vous ! » ? Et bah Tata Janine, c'est pareil ! Elle a le droit de prendre un apéro à CHAQUE repas et de demander aux gens qui viennent chez elle de mettre des patins... (Tant qu'elle ne fait pas de *naked*... OK j'arrête !)

Laisser son enfant à une personne de confiance demande un peu de tact et de concessions, mais dites-vous bien une chose : la plupart du temps, tout se passe beaucoup mieux quand les parents ne sont plus là...
Alors allez-y : barrez-vous en week-end !! Et *bye bye* Tata Janine !

Chronique 49

NO STRESS...

Chronique 50

LE RENDEZ-VOUS

Ouais... je me demande si je dois prendre rendez-vous avec la maîtresse de la petite dernière...
Ah... Ça se passe pas bien ?
Je sais pas, un coup, je la récupère avec un grand sourire, une autre fois elle me dit que la maîtresse est vraiment trop nulle et elle ne veut pas y retourner...
Bref ! Je pense que je vais lui en parler la prochaine fois que ça va pas...
AFÉ
Surtout pas, malheureux !! Tu peux pas débouler comme ça sans prévenir ! Tu vas te faire jeter !
Ah bon ?
Carrément... T'inquiète, je vais te donner 2-3 trucs...

Parler de ton enfant avec son maître ou sa maîtresse, c'est comme si tu faisais une grosse négo pour ta boîte...

Il faut rester calme, courtois, ne pas aller dans l'émotion.

Trouve un moyen de lui parler sans être accusateur…
ne JA-MAIS l'accuser…
Tout va bien dans l'ensemble…
… mais il me semble entrevoir comme…
un souci d'ordre général avec vos employés…
Ah oui ?
C'est intéressant…

Toujours en douceur, tu ne dois jamais passer pour l'ennemi...

Ne perds pas ton calme, sa classe est son territoire, et tu ne pourras jamais y interférer « vraiment »...

Et voilà !
Tu comprends !
Mets-toi dans la peau du « négociateur ».
Calme, froid... De glace, quoi !
OK !
Merci frérot ! On se refait ça vite !
Menu
Ouais j'arrive là...
C'était chouette !
Mais bon... Il est toujours autant perché !

Chronique 51

LE BILAN

Et si on continuait ?

KID'S TOY

On y va ?

?
Vous allez voir au début on s'en fait tout un truc mais après c'est tellement gratifiant...
Et reposant aussi !

Alors ?
Ça va beaucoup mieux maintenant, non ?

Forcément, ce livre est complètement magique, et on vous le dit : une fois cette 190e page terminée, votre vie sera automatiquement magnifique, remplie de bonheur et saupoudrée de paillettes (c'est tellement important, les paillettes…).

Bien sûr que non !
L'idée de ce livre (écrit et dessiné avec le sang, pour mémoire) n'est surtout pas de vous donner des recettes miracles ou des méthodes infaillibles. Pourquoi ?

Parce que ÇA. N'EXISTE. PAS.
Comment trouver des solutions alors qu'on ne connaît pas vos problèmes ? Comment être sûr que « ça marche » sans vous connaître, vous et votre famille (je suis dispo dimanche entre 15 heures et 16 heures, Lavipo entre 16 heures et 17 heures : invitetonauteuraboireuncoup@gmail.com) ?
Personne ne sait mieux que VOUS ce que vous vivez, ce que vous traversez… Si ces chroniques vous ont fait rire, tant mieux, si elles vous ont motivés ou donné des idées pour changer les choses, c'est parfait !

Il n'y a pas et il n'existera jamais de formules toutes faites ni de solutions imparables. Sauf… l'envie d'essayer.
L'envie de tenter des trucs…
L'envie d'améliorer son quotidien…
L'envie d'améliorer ses rapports humains…
Et, surtout, l'envie de mieux réussir à mieux communiquer, à mieux se comprendre. Bref, de mieux s'aimer !

On commence quand ?
(Allez, on vous laisse entre vous… Bisous avec des paillettes !)

Remerciements

Merci à toute l'équipe des éditions Mango (et en particulier à mon éditrice, Julie) pour votre confiance au fil des années et sur ce livre en particulier. Merci également à Lavipo pour la fraîcheur de tes dessins et ta capacité à transformer mes délires en images claires (parce que c'est parfois compliqué dans ma tête...).
Et un grand merci à ma chérie et à mes enfants pour leur soutien (« Tu travailles encore, Papa ? Tu veux pas jouer à "Mario Kart" à la place ? »).

Pour finir (ouais je sais, je suis long), je voudrais dédicacer ce livre à Émilie, Olivier, Mathis, Manon et Clélie, une famille que j'aime fort qui traverse une tempête comme la vie peut t'en balancer dans la tronche. Des amis courageux qui affrontent tout ça avec une force et une positivité impressionnantes. Ce livre est un concentré de good vibes que je vous envoie les copains !

Benjamin Perrier

Merci à Julie et à Benjamin, je suis reconnaissante d'avoir pu collaborer avec vous sur ce chouette projet.
Je remercie ma famille, Thierry, Elsa, Arnaud et Marion pour leur soutien, et les éditions Mango sans qui cette aventure n'aurait pas été possible.

Pauline Lavillat

Des mêmes auteurs

Collection « Famille complice »

Collection « Parents aujourd'hui »

Collection « Petit décodeur illustré »

Retrouvez-nous sur Instagram : **@mangoeditions**
et sur facebook : **@Mangofamillecomplice**

Direction : Guillaume Pô
Direction éditoriale : Tatiana Delesalle
Édition : Julie Cot
Direction artistique : Chloé Eve
Mise en pages : Élise Bonhomme
Illustrations : Lavipo
Direction de fabrication : Thierry Dubus
Suivi de fabrication : Marie Guibert

1re édition - N° d'édition : M21205
ISBN : 978-2-3170-2768-0
Code MDS : MN27680

Achevé d'imprimer en août 2021 par Graphycems en Espagne

Dépôt légal : septembre 2021
www.mangoeditions.com

Ce livre s'inscrit dans une démarche écoresponsable. Il est composé de matériaux issus de forêts bien gérées, certifiées FSC® et d'autres sources contrôlées. Cette certification garantit une empreinte carbone réduite et une gestion raisonnée de la forêt, qui maintient la biodiversité et protège les écosystèmes. Il est imprimé avec encres à base d'huile végétale. Il a été imagir conçu en France, et imprimé en Europe.